Jean-Louis [illegible]

Anne Ferran

Marie-Ange Grimaldi

Carmen Salomone

LES TROUBLES DES CONDUITES ALIMENTAIRES

Anorexie, boulimie, obésité

ARMAND COLIN

Conception de maquette intérieure : Atelier Didier Thimonier

Armand Colin est une marque de Dunod Éditeur,
11 rue Paul Bert, 92240 Malakoff.

ISBN : 978-2-200-25506-0

Sommaire

Introduction

Dans le paysage sémiologique actuel, il existe plusieurs figures de troubles des conduites alimentaires (TCA), les plus graves d'entre elles demeurant l'anorexie, la boulimie et une forme mixte (combinaison-alternance de phases anorexique et boulimique).

Les relations entre anorexie (refus de s'alimenter) et boulimie (ingestion compulsive) sont étroites, dans la clinique comme dans les théories psychopathologiques. Si les théoriciens ne donnent pas les mêmes explications aux deux troubles, il reste que ce sont les mêmes conceptions qui permettent d'expliquer chacun d'eux : la question des défaillances de la constitution de soi (narcissisme) se retrouve dans les théories psychopathologiques de l'anorexie et de la boulimie. Nous avons commencé à traiter de l'anorexie, première des deux pathologies reconnue et analysée par les discours psychiatrique et psychopathologique, ce qui a pour conséquence de devoir présenter en détail certains concepts, certaines positions théoriques, certaines théories… dans la partie réservée à l'anorexie. La partie consacrée à l'anorexie est donc beaucoup plus importante que celles consacrées à la boulimie et aux autres troubles puisqu'elle sert à présenter le dispositif théorique spécifique aux troubles du comportement alimentaire.

Les troubles des conduites alimentaires en tant que catégorie générale sont apparus récemment dans les classifications internationales. Le DSM-III (1980) fait figurer la boulimie et l'anorexie dans les « Troubles apparaissant habituellement durant la première et la deuxième enfance, ou l'adolescence », vaste catégorie regroupant de multiples troubles dans lesquels on retrouve les « troubles de l'alimentation » (anorexie, boulimie, pica, mérycisme). Le DSM-IV (1995) réalise l'acte de création des « Troubles des conduites alimentaires » composé de l'anorexie et de la boulimie, les autres troubles (pica, mérycisme...) restant dans la catégorie antérieure (« Troubles apparaissant habituellement... »). Si l'anorexie et la boulimie sont connues depuis longtemps, le regroupement dans une classification syndromique fondée sur des signes est récent (moins de vingt ans), et cette classe n'intègre pas l'obésité ni d'autres manifestations en rapport avec l'alimentation ; ces signes sont situés ailleurs, dans les phobies, les troubles psychotiques, dépressifs, que ce soit pour la peur de manger (sitiophobie), la peur d'être empoisonné, le refus alimentaire ou la perte d'appétit du déprimé ou du dément...

Parler de trouble(s) des conduites alimentaires, c'est insister sur la dimension psychologique de ces pathologies, en évoquant les causes psychologiques comme les conséquences psychologiques (obésité). Il est cependant clair que des facteurs biologiques interviennent comme facteurs primaires (obésité) ou secondaires (effets de la restriction alimentaire ou de la surconsommation). Les dimensions sociale, culturelle, historique sont également présentes. L'obésité est un problème majeur de santé publique, la « tyrannie de la minceur », la société de surconsommation dans laquelle tout semble pouvoir être résolu par la consommation d'objets (ingérés, achetés, fumés...), la suractivation du besoin, sont intriquées dans la genèse des troubles des conduites alimentaires. La boulimie et l'anorexie étant des conduites essentiellement féminines, elles questionnent la représentation de la féminité, la manière dont celle-ci est assumée par les femmes. Certains de ces troubles commençant à l'adolescence, ils nous poussent à analyser les particularités – biologiques, psychologiques, sociales – de cette période.

1

L'anorexie : le désir de manger « rien »

L'anorexie mentale est un problème de santé publique touchant environ une adolescente sur 200 dans les sociétés occidentales, et dont l'évolution est fatale dans 5 à 10 % des cas (rapport 2002, Académie nationale de médecine). La massification de ce trouble n'empêche cependant pas de l'appréhender comme une manifestation historique de sujets en mal d'identité. Un parallèle a pu être esquissé entre l'histoire de personnages historiques et/ou mythiques, et la psychopathologie du sujet anorexique.

Raimbault et Elachieff (1989) ont notamment illustré la trajectoire d'Antigone, héroïne mythique, fille d'Œdipe, au regard du mal énigmatique touchant le sujet anorexique : tous deux renvoient au destin d'« une jeune fille à l'aube d'une vie de femme qui défie l'ordre établi ». Questionnant l'ordre humain, chacune s'offre en sacrifice au nom d'une identité patriarcale mise à mal dans ses diverses dimensions (désir, famille, médecine, politique). Lacan, analysant l'œuvre de Sophocle et précisément le personnage d'Antigone, désigne cette héroïne comme « une victime terriblement volontaire qui nous fascine ».

Nous retrouvons d'ailleurs cette fascination dans la place donnée à ce trouble par les médias. Les paradoxes, la perplexité qu'engendre le sujet anorexique pour son entourage proche ou lointain (famille, soignants…) sont des données insistantes. Les conduites anorexiques, fortes de leur rigidité, semblent témoigner d'une solution du sujet se confrontant aux diverses énigmes subjectives et existentielles. Le caractère absolu assigné à cet « *ascétisme anorexique* » peut être appréhendé à la lumière de différents niveaux de lecture.

I. Présentation clinique de l'anorexie

Afin d'appréhender de manière homogène l'anorexie en tant que trouble des conduites alimentaires, nous présenterons la communauté de signes retrouvée à des niveaux épidémiologique, historique, sémiologique et clinique. Puis nous distinguerons les mécanismes psychiques sous-jacents au travers de différents paradigmes psychopathologiques.

I.I. Définition et épidémiologie

« Anorexie » – du grec *orexis*, « appétit » – est un terme qui signifie « pas d'appétit ». Les définitions distinguent l'anorexie comme pathologie strictement médicale (absence chronique d'appétit), de l'anorexie mentale en tant que syndrome psychiatrique, observée en particulier chez les adolescentes, caractérisée par une aménorrhée et un refus de toute nourriture, menant à une cachexie rapide. Jeammet décrit l'anorexie comme « une conduite volontaire de restriction alimentaire et de lutte active contre la faim, bien que ceci ne soit généralement reconnu des patientes qu'après un travail thérapeutique ultérieur » (2005). L'anorexie mentale (AM) est donc un refus de s'alimenter, lié à un fonctionnement psychologique particulier. La restriction volontaire, et bien souvent inavouée, de l'alimentation a pour conséquence la perte progressive d'appétit.

L'épidémiologie montre une croissance de l'AM, principalement dans les sociétés occidentales où l'idéal de minceur s'amplifie. Si, classiquement, l'AM est décrite comme une manifestation de sujets issus de classes sociales élevées ou moyennes, une évolution apparaîtrait, peut-être parallèlement à l'occidentalisation des cultures : intensification de cas au Japon, au Moyen-Orient, en Afrique. On estime aujourd'hui que 5 à 13 % des adolescents sont victimes de troubles du comportement alimentaire. Selon le rapport adopté le 19 mars 2002 par l'Académie nationale de médecine, les données épidémiologiques des pays occidentaux nous révèlent :

– deux pics d'apparition, un à 12-14 ans, et un à 18-20 ans ;

– une prévalence en moyenne de 1 % chez les adolescents ;

– une incidence de 1/200 pour les jeunes filles et de 1/100 000 dans la population générale ;

– un taux plus élevé que la population générale chez les apparentés au premier degré ainsi que chez les jumeaux homozygotes.

Il existe également des formes prépubertaires de l'anorexie, plus rares, mais avec un pronostic plus sombre. De même, l'anorexie du nourrisson, que nous n'évoquerons pas ici, est classiquement décrite par les pédiatres et les psychosomaticiens. Aux États-Unis, l'AM serait le troisième trouble chronique de l'adolescente, après l'obésité et l'asthme.

1.2. Historique

Les recherches sur l'histoire de l'anorexie se multiplient à mesure que l'épidémiologie de l'anorexie mentale fait apparaître une extension de ce syndrome à travers le monde.

Si, dans les sociétés où l'empreinte judéo-chrétienne est prégnante, les excès, les abus ont été considérés comme une faute morale, voire une transgression, à l'inverse, la restriction et l'ascétisme n'ont pas eu la même place dans l'histoire. Ainsi, du Moyen Âge à la Renaissance, de nombreuses jeunes filles ont manifesté des comportements nommés aujourd'hui « anorexie sainte » (expression retenue par l'historien américain R. M. Bell, *Holy Anorexia)* ou « mystique » (Maître, 1999). Ces comportements sont envisagés comme des actes de purification de l'esprit par le corps, dans une perspective religieuse. À la fin du XVIIe siècle, Richard Morton parle de « consomption nerveuse ». Mais ce n'est qu'au XIXe siècle, avec Lasègue et Gull, que l'AM est individualisée comme entité clinique.

Un débat demeure quant à la stabilité de ce trouble dans l'histoire. Dans l'article « L'anorexie, un symptôme contemporain ? » (2003), Micheli-Rechtman avance que deux analyses peuvent être élaborées pour situer l'anorexie dans une historicité. La première l'inscrit comme comportement de privation de nourriture ayant toujours existé (historiquement daté au Moyen Âge), ce qui suppose que des similitudes existent avec la forme contemporaine de l'anorexie. L'autre lecture insiste sur l'impossibilité de faire concorder des signes d'anorexie d'époques éloignées avec ce que l'on entend aujourd'hui par ces symptômes, puisque la clinique psychiatrique n'existait pas encore. Par ailleurs, comme l'indique Marzano (2007), nous pouvons repérer trois phases dans l'histoire de l'anorexie, en lien avec les conceptions de ce trouble.

Dans une première phase, l'anorexie rentre dans le discours de la clinique psychiatrique moderne, grâce aux travaux quasi concomitants de Lasègue en France (1873), rattachant le syndrome à l'hystérie, et de Gull en Angleterre (1874) sur « l'apepsie hystérique », rattachant le syndrome à un trouble du tractus digestif. En 1883, Huchard propose l'expression d'« *anorexie mentale* » qui s'impose en France, tandis que dans les autres pays, l'expression consacrée sera celle d'« *anorexia nervosa* » (toujours en vigueur dans le DSM). En France, Charcot défend la nécessité de la séparation et de l'isolement dans la prise en charge de l'AM. Gilles de la Tourette insiste sur l'origine psychique, en différenciant manque d'appétit et refus de nourriture, et l'importance des troubles de la perception du corps et de la nourriture.

Une deuxième phase historique est marquée par une « vision endocrinienne », à la suite des travaux de Simmonds en 1914 sur le fonctionnement de l'hypophyse.

La troisième phase correspond à une reprise des hypothèses psychologiques, enrichies par les approches psychanalytiques. Dès lors, de nombreuses études réservent une place prépondérante à une approche psychodynamique des conflits sous-jacents, liés avant tout à la crise de l'adolescence, ou à une approche systémique des interactions familiales qui jouent un rôle majeur dans l'entretien des comportements anorexiques.

Enfin, les travaux actuels sur les *addictions* inaugurent une quatrième phase dans l'histoire de cette pathologie. Cependant, la place de l'anorexie dans les addictions reste contestée : c'est son rapport étroit avec la boulimie qui contribue à son intégration dans les addictions (Pedinielli *et al.*, 1997).

1.3. Approche sémiologique et classifications

La sémiologie (ensemble de signes objectifs permettant de la reconnaître) de l'anorexie mentale est dominée par la triade symptomatique de

Lasègue, dite des « trois A » : *Anorexie, Amaigrissement, Aménorrhée* (concernant les filles, substituée chez le garçon par des troubles de l'érection et de la libido).

a) Le DSM-IV

Les différentes révisions du DSM ont contribué à modifier les critères de l'anorexie mentale. Elle a ainsi été progressivement considérée comme une maladie à part entière (les critères retenus pour la définir ont évolué en faisant une plus grande place aux signes corporels). Le DSM-IV définit les éléments suivants :

– le refus de maintenir un poids corporel au niveau ou au-dessus d'un poids minimum normal pour l'âge et la taille ;

– la peur intense de prendre du poids ou de grossir, alors que le poids est inférieur à la normale ;

– l'altération de la perception du poids ou de la forme de son propre corps, l'influence excessive du poids ou de la forme corporelle sur l'estime de soi, ou le déni de la gravité de la maigreur actuelle ;

– chez les femmes post-pubères, l'aménorrhée (absence d'au moins trois cycles menstruels consécutifs).

Le DSM-IV distingue deux types dans le trouble anorexique :

– le type *restrictif* : pendant l'épisode actuel d'anorexie mentale, le sujet n'a pas, de manière régulière, présenté de crises de boulimie ni recouru aux vomissements provoqués ou à la prise de purgatifs (c'est-à-dire laxatifs, diurétiques, lavements) ;

– le type avec *crises de boulimie/vomissements ou prises de purgatifs* : pendant l'épisode actuel d'anorexie mentale, le sujet a, de manière régulière, présenté des crises de boulimie et/ou recouru aux vomissements provoqués ou à la prise de purgatifs.

« Une ballerine en herbe très fluette »
(cas du DSM-IV)

« Mlle R., âgée de 19 ans et célibataire, est une jeune fille très fluette qui apprend le métier de ballerine. Elle vient en consultation à la demande pressante de ses parents qui sont inquiétés par ses conduites alimen-

taires. La patiente et sa famille relatent que Mlle R. s'est toujours passionnée pour le ballet. Elle commença à suivre des cours de danse à l'âge de 5 ans ; ses maîtres détectèrent ses talents exceptionnels dès l'âge de 8 ans, et elle appartient depuis l'âge de 14 ans à un corps de ballet d'envergure nationale. La patiente présente des difficultés d'alimentation manifestes depuis l'âge de 15 ans ; elle commença alors à se faire vomir sans cause explicable quand elle avait, à son sens, trop mangé. Ces vomissements induits avaient été précédés par plusieurs années d'un régime alimentaire continu débuté avec les encouragements de son professeur de danse. Pendant les trois dernières années, Mlle R. a présenté une fois par jour, le soir, des accès de boulimie suivis régulièrement de vomissements provoqués. Elle dévore lors de ces accès des douzaines de petits gâteaux ou, plus rarement, deux litres de glace. Elle consomme cette nourriture tard le soir quand ses parents sont au lit. Ils suspectent depuis quelque temps que leur fille a des problèmes avec l'alimentation, mais elle a toujours nié toute difficulté jusqu'au mois précédent.
Mlle R. avait déjà atteint sa taille définitive de 1,73 m à l'âge de 15 ans. Son poids maximum fut 54 kg à l'âge de 16 ans, ce qu'elle décrit comme être "grosse". Son poids est resté relativement stable pendant les trois dernières années, et oscille entre 45 et 47 kg. Des exercices physiques réguliers font partie de sa profession, et elle nie toute utilisation de laxatifs, de diurétiques, de médicaments pour maigrir. En dehors de ses accès de boulimie, elle évite de consommer des aliments riches en lipides ou en sucres. Elle est strictement végétarienne depuis l'âge de 15 ans, et ne mange pas de viande ni d'œufs et très peu de fromage. Depuis trois ou quatre ans, Mlle R. se sent mal à l'aise quand elle mange devant d'autres gens, et fait beaucoup d'efforts pour éviter de telles situations. Ceci limite sa vie sociale. Mlle R. a eu deux périodes menstruelles spontanées à l'âge de 16 ans quand elle pesait environ 54 kg, puis n'a plus eu de règles depuis.
Après son baccalauréat, Mlle R. devint un membre à temps plein de son corps de ballet. Les cours de danse et les répétitions lui prennent environ quatre heures par jour, et elle passe l'essentiel du temps qui lui reste à lire. Elle apprécie particulièrement les romans historiques.
Ses parents la décrivent comme une étudiante sérieuse et douée, mais ils se font du souci pour son isolement social. Elle a peu d'amies proches ; elle n'est jamais sortie avec un garçon, et n'a jamais eu d'expérience sexuelle.
Lors de l'entretien, Mlle R. est gênée, un peu réservée, et pèse ses mots pour décrire ses conduites alimentaires. Elle se dit un peu préoccupée par son incapacité à contrôler son alimentation excessive, mais estime

> qu'elle n'a pas d'autres problèmes. Son comportement est posé et sérieux, mais elle ne semble pas déprimée. On ne note pas de troubles du cours de la pensée » (DSM-IV cas cliniques, p. 216-217).

Le diagnostic différentiel de l'anorexie porte essentiellement sur :

– les pathologies organiques pouvant simuler une anorexie mentale, telles que les maladies digestives, un déséquilibre d'organes intervenant sur les centres de la faim (thyroïde…) ;

– certains troubles psychiatriques comme les phobies alimentaires, les dépressions, les délires à thèmes alimentaires (empoisonnement).

b) La CIM 10

La CIM (classification internationale des maladies établie par l'OMS) comporte cinq critères très peu différents de ceux du DSM :

– perte de poids ou, chez les enfants, incapacité à prendre du poids, conduisant à un poids inférieur à au moins 15 % du poids normal ou escompté, compte tenu de l'âge et de la taille ;

– perte de poids provoquée par le sujet qui évite les aliments qui font grossir ;

– perception de soi comme étant trop gros(se) avec peur intense de grossir, amenant le sujet à s'imposer un poids limite faible à ne pas dépasser ;

– présence d'un trouble endocrinien diffus de l'axe hypothalamo-hypophysogonadique avec aménorrhée chez la fille, et perte d'intérêt sexuel et de puissance érectile chez le garçon ;

– ne répond pas aux critères A et B de la boulimie : A- épisodes répétés d'hyperphagie (au moins deux fois par semaine pendant au moins trois mois) avec consommation rapide de quantité importante de nourriture en temps limité. B- préoccupation persistante pour le fait de manger avec désir intense ou besoin irrépressible de manger.

Nous retrouvons, en plus de ces signes diagnostiques, des signes d'accompagnement :

– signes physiques (bradycardie, hypotension, frilosité, constipation, retard à la vidange gastrique…) ;

– autres troubles du comportement : hyperactivité physique et intellectuelle (pratique intensive de sports, hyperinvestissement scolaire), pauvreté de la vie relationnelle, inhibition sexuelle.

Les complications éventuelles de l'AM peuvent être lourdes en termes de morbidité et de mortalité : complications cardiaques, digestives, neurologiques, osseuses, biologiques autres…

c) Le pronostic

Certaines études ont montré une bonne récupération au bout de quatre ans dans 44 % des cas. (Académie nationale de médecine, 2002). Pour l'AM de type restrictif, on observe 5 % de mortalité par dénutrition, après dix ans d'évolution. Dans la forme dite « boulimique », 10 % des malades décèdent de dénutrition aggravée et d'hypokaliémie (après dix ans d'évolution).

Les facteurs de mauvais pronostic sont l'âge de début des troubles (avant dix ans, ou très tardif après vingt ans), une longue évolution avant une première prise en charge effective, l'association à une vraie boulimie ou à des vomissements fréquents, une forme limite avec un état psychotique, et l'importance et la rapidité de la perte de poids. L'évolution de l'AM indique la gravité de ce trouble puisque si environ un tiers des sujets guérissent, un tiers évolue sur un mode plus ou moins chronique, et un tiers connaîtt une aggravation progressive. Il y aurait 20 % de mortalité après vingt ans d'évolution (toutes causes confondues, suicides et complications somatiques).

1.4 Clinique de l'anorexie

L'anorexie et l'amaigrissement sont généralement niés par la patiente (distorsion de l'image du corps) : ce *déni* est fondamental pour le diagnostic, et permet de faire la différence avec un amaigrissement secondaire à une pathologie organique. En outre, la compréhension de l'anorexie n'est pas séparable de l'écoute du vécu, des discours, des expériences des patientes. Enfin, dans la mesure où il ne s'agit pas d'une maladie au sens médical du terme mais d'une façon d'exister, la lecture psychopathologique est un élément essentiel.

L'obsession tyrannique de l'apparence est la manifestation la plus visible de ce trouble, et engendre un rapport particulier à l'alimentation, avec des restrictions drastiques. Ainsi, *l'image du corps* demeure une problématique centrale. L'étiologie (la cause) de ce trouble s'appréhende de façon plurifactorielle. Si l'histoire du sujet, les particularités de son développement psychoaffectif, l'environnement familial et certains éléments de vie participent au fonctionnement anorexique, il est difficile d'isoler ces dimensions du poids du regard social, de la culture et du processus adolescent dans la genèse de ce trouble.

La clinique descriptive de l'anorexie met en lumière les facteurs psychologiques suivants (Corcos, 2000) : estime de soi négative, besoin de plaire, carences affectives, importance donnée à l'apparence physique, difficultés à s'affirmer, à s'engager dans un devenir adulte, sensibilité au jugement de l'autre, traumatismes sexuels... D'autres facteurs d'environnement sont également récurrents (Jeammet, 1997) : des troubles de la dynamique familiale, telles les difficultés de communication et à exprimer ses émotions dans le cadre familial, une certaine confusion des liens, telle qu'une inversion des rôles parents-enfants (« *parentification* »).

> *Nora, 15 ans* : « Ma mère, elle n'est pas organisée... elle ne sait pas ranger, tout est entassé dans sa chambre... je ne supporte pas son bordel ! J'ai beau lui dire, essayer de l'aider à s'organiser, ça sert à rien, elle n'en fait qu'à sa tête ! C'est pareil pour le ménage et la cuisine, elle fait tout en même temps, et finalement elle fait tout à moitié ! Je ne sais plus quoi faire, elle ne m'écoute pas. »
> *Sa mère* : « Ma fille est assez autoritaire... je m'en prends plein la figure, ce que je fais ne lui convient jamais, j'ai l'impression de ne pas être à la hauteur... Elle me reproche beaucoup de choses, tout le temps... elle a peut-être raison, je manque de rigueur. Pourtant j'essaye de faire comme elle me dit, mais je n'arrive pas à la satisfaire. »

Dans l'anorexie, l'amaigrissement est vécu de manière triomphante, tel un accomplissement ultime à jamais inassouvi, engageant ces sujets dans une quête sans fin de perte de poids.

> *Chloé, 17 ans* : « Tous les jours, matin, midi, soir, je me pèse. Pendant que je prends la balance, les quelques secondes avant le verdict, j'ai

> comme une excitation dans le corps… Si je perds ne serait-ce que quelques grammes, c'est magique… je me sens bien, fière, et plus belle, plus forte ! Par contre, l'inverse, prendre du poids ou ne pas en perdre, me met dans des états atroces, j'ai l'impression de perdre le contrôle, je suis si déçue de moi-même dans ces moments-là. Je me mets à chaque fois un poids à atteindre en tête, et le pire, c'est que j'y arrive souvent ! »

La perte de poids devient une source de vertu et de plaisir. Cette restriction sévère s'accompagne d'une consommation exclusive de produits faibles en lipides et en glucides. Des rituels au moment des repas s'installent progressivement (couper la nourriture en petits morceaux), de même qu'un intérêt pour les activités culinaires, la préparation des repas pour les autres. La pratique d'exercices physiques, répétitive et compulsive, est fréquente.

Jeammet (1985) décrit l'anorexie comme « une conduite volontaire de restriction alimentaire et de lutte active contre la faim, bien que ceci ne soit généralement reconnu des patientes qu'après un travail thérapeutique ultérieur ». C'est seulement après une longue période de restriction (qualitative et quantitative) que la sensation de faim disparaît, ce qui induit un auto-renforcement de la conduite. La quête idéale de minceur, la peur de grossir (« *hypocondrie de l'apparence* »), le contrôle du corps, engagent l'anorexique dans une insatisfaction perpétuelle de son apparence et dans une obsession de son poids. Les techniques de perte de la masse corporelle sont rationalisées, et les principes diététiques drastiques. L'anorexique s'oblige aussi à maîtriser ses sensations physiques internes : une lutte intense à l'égard de la sensation de faim s'engage, jusqu'à ne plus pouvoir supporter les phénomènes corporels liés à la satiété et à la digestion. La faim, les signes d'hypoglycémie (vertiges, malaise…) sont perçus comme des sensations positives. Les différents comportements s'entremêlent et se nourrissent dans une dynamique de contrôle du corps : restriction alimentaire, inventaire des calories ingérées, rationalisation d'activités physiques répétitives et organisées, scolarité investie excessivement, diminution des heures de sommeil… L'installation et la rigidification de ces comportements rendent difficile le retour à un équilibre.

> *Tessa, 13 ans :* Lorsque nous la rencontrons, Tessa perd déjà ses cheveux et se casse les dents. Elle utilise un discours soutenu et se présente comme une jeune fille modèle, première de la classe (malgré les difficultés physiques qu'elle rencontre depuis peu) et bien dans sa vie : « Tout va bien, je ne comprends pas ce qui les inquiète, je ne leur cause pas de soucis. » Elle nous donne à voir un comportement qui dénote un trop-plein d'activité : « Après les cours, je vais à la piscine, il faut que je batte mon record, ça ne devrait pas tarder. » La mère de Tessa nous rapporte que sa fille est « une parfaite petite ménagère », qu'elle fait à manger pour tout le monde, qu'elle demande à la famille d'observer ses règles comme « ne pas croiser les jambes car nous empêcherions la bonne digestion ». Sa sœur relève un plaisir certain chez Tessa lorsqu'elle monte sur la balance et observe sa perte de poids : « Elle est bizarre, elle jubile et en plus, elle dit qu'elle est plus grosse que moi. De toute façon, elle m'énerve, elle sait tout sur tout, et elle se cache la vérité. »

Les expressions multiples du besoin de maîtrise se lisent au travers de la recherche acharnée de la minceur à laquelle font écho la peur panique de grossir (qui équivaut à perdre le contrôle du corps), les attitudes distordues vis-à-vis de l'alimentation.

> *Aurélie, 16 ans :* « Je me fais un planning journalier pour les calories… Je connais par cœur les valeurs caloriques des aliments, je sais ce que je peux manger pour ne pas grossir. Depuis le mois dernier, j'essaye de ne pas dépasser 300 calories par jour, et ça fonctionne bien, j'ai réussi à descendre à 38 kilos ! Par contre, il faut que je fasse attention car aux repas avec mes parents, je dois faire semblant, sinon ils s'inquiètent. Donc je mets souvent une serviette à côté de mon assiette pour jeter la nourriture que ma mère me sert. »

Au-delà, se manifeste le *déni* (mécanisme de refus de reconnaissance d'une perception) : déni de la maladie, du corps dans sa réalité somatique et sa dimension psychique.

> *Hélène, 22 ans*, jeune fille rencontrée en service de réanimation, en état de dénutrition sévère : « J'en ai marre, je comprends pas ce que je fous là, ils veulent pas me laisser sortir, je vais très bien, regardez comme je suis en forme (elle fait des mouvements de gymnastique dans le lit). Tout ça parce que je fais un régime, mais moi, je vous assure je me sens très bien. »

L'anorexique est souvent décrite comme une enfant docile et perfectionniste, anxieuse et introvertie. Le mécanisme prépondérant est l'intellectualisation comme défense contre les émotions et les relations affectives (Corcos, 2000).

> *Nadia, 17 ans*, rentre prochainement en école préparatoire, est rencontrée en endocrinologie : « Je suis en train de préparer ma rentrée, je n'ai pas beaucoup de temps à vous consacrer. Je sais que tout le monde se fait du souci pour moi, mais je ne peux pas passer mon temps à rassurer les gens, à l'ENS ils ne vont pas m'attendre... Il faut que je réussisse mes concours... Mes parents, ils veulent que je fasse des choses d'adolescent. Moi, ça ne m'intéresse pas... je ne suis pas comme mes copines qui ne pensent qu'aux mecs... Elles n'ont aucune ambition. »

Ainsi, s'exprime la problématique de dépendance des anorexiques, de manière paradoxale : quête affective et intolérance à la dépendance s'entrecroisent.

> *Tessa* s'agite en séance lorsque nous relevons la demande de consultation et son implication dans ce qui lui arrive. Elle tente de séduire le thérapeute durant les séances suivantes. Dans le rapport aux soignants, elle se positionne telle une enfant à qui l'on fait du mal, en manque d'affection : « On ne me laisse même pas seule cinq minutes alors que je ne vous demande rien et que je peux vous aider si vous voulez » ; « j'aimerais qu'on soit plus gentil avec moi... L'infirmière Valérie, elle est gentille, elle me donne des câlins, elle me laisse aller aux toilettes quand je veux. »

Partagées entre leur revendication affective et un vécu d'emprise insupportable, ces patientes tentent de maîtriser par leurs comportements ce qui les déborde dans les relations aux autres. Au quotidien, se met en place une véritable guerre avec la famille, centrée sur les repas. Le repli relationnel est rationalisé à travers un hyperinvestissement scolaire ou professionnel, autre forme du besoin de maîtrise, en même temps que la sexualité est désinvestie. Les parents sont confrontés à des revendications contradictoires : besoin de reconnaissance, repli sur la sphère familiale, malgré des discours réclamant indépendance et autonomie. Dans la majorité des cas, ces sujets s'isolent graduellement et cessent de fréquenter leurs amis, et/ou de pratiquer certaines activités. Ils s'enferment dans une solitude profonde, prisonniers d'un comportement autodestructeur (Jeammet, 1985). L'anorexique poursuit ainsi son engagement « obsessionnel » vers l'amaigrissement, et cela sous le regard et l'inquiétude de ses proches, tout en rejetant le caractère pathologique de ses comportements et l'aide que l'autre veut lui apporter. Cette contradiction, que les anorexiques ne parviennent pas à dépasser, est au centre de leur problématique.

Dans la vie adulte des anorexiques, il n'est pas rare qu'apparaissent des périodes boulimiques, des périodes de dépendance à un produit, le retour de l'anorexie, des crises – ou des craintes – de boulimie. Bruch disait que les anorexiques étaient, au fond, des affamées et qu'elles se protégeaient contre la boulimie, la crainte de céder à la nourriture, ce que nous formulons comme la peur d'être dévorées par la nourriture et ce qu'elle représente : la mère ? le désir ? le plaisir ?...

1.5. Témoignages littéraires

Un phénomène comme l'anorexie a suscité des œuvres littéraires ou cinématographiques, voire picturales. Certaines anorexiques ont écrit leur expérience. L'utilisation du web, la médiatisation de certains drames (suicide, décès...) de jeunes anorexiques ont contribué à donner des images dramatiques, douloureuses et personnalisées de ce trouble de jeunes femmes, jeunes filles, adolescentes, en révolte, victimes de la société. Parmi elles, Sheila MacLeod (1981), romancière, essayiste, journaliste, a bien dépeint les difficultés et le vécu de son expérience d'anorexique. Son livre est à la fois le récit de son expérience et une réflexion théorique sur l'anorexie. Elle décrit bien les éléments de l'anorexie qu'elle a pu trouver chez elle : « Au début de la maladie, je pesais 53 kg et mesurais 1,59 mètre. Comme la plupart des anorexiques, je n'étais pas vraiment obèse, mais j'avais eu un soudain et léger excédent de poids. Toutefois, ma décision de faire un régime n'était pas consciente ; bien que n'aimant pas particulièrement mon apparence physique – attitude assez répandue chez les adolescentes –, je ne m'en souciais pas outre mesure. Je n'ai jamais fait le rapprochement entre mon refus de manger et un désir de minceur et, partant, de séduction sexuelle. Je ne savais pas ce que je faisais : je me sentais simplement obligée de le faire. Malgré tout, quand j'avais perdu cinq kilos, je sentis que j'étais arrivée à quelque chose, et je me décidai à continuer dans cette voie pour obtenir de meilleurs résultats. En fin de compte, je descendis à 35 kg » (p. 10).

Elle évoque les contraintes et difficultés de son enfance et de son adolescence (l'obligation de réussite dans le discours de ses parents, la pression de son père sur la sphère intellectuelle, le sentiment de ne pas être reconnue, de ne pas être soutenue par sa mère, sa difficulté à assumer la féminité et les changements de la puberté, ses humiliations sociales, sa coupure avec les autres filles, le repli sur elle, l'absence de communication familiale notamment avec son père, le mélange d'intolérance et d'inertie, sa violence intérieure impossible à exprimer...). « Je devins anorexique. Il n'y avait rien de conscient ni de délibéré dans ma décision, si, d'ailleurs, on peut employer ce terme. Mon refus de manger ne fut pas non plus une entreprise délibérée. Je savais seulement que ma vie était insupportable, et que le seul moyen de ne pas être détruite par elle ou par "eux", comme j'appelais le monde adulte, c'était de les refuser, eux, et tout ce qu'ils signifiaient. Je devais en quelque sorte mener une lutte jusqu'au-boutiste » (p. 76).

Pour elle, son anorexie est liée à une crise d'identité (l'identité étant conçue comme la conscience de l'existence de soi et de son individualité). L'anorexie apparaît alors comme le refus d'une identité (la féminité) refusée : « L'anorexie accomplit ce miracle de pouvoir exaucer ce souhait : on n'a pas à grandir ; on n'a pas à devenir une femme, même au sens biologique ; on peut rejeter toute substance étrangère, dont la nourriture est la métaphore, et la soumettre à sa volonté » (p. 85).

Lorsque l'anorexie s'installe, les périodes de dépressions disparaissent pour laisser la place à un état d'« euphorie », d'excitation. Son corps n'est pas perçu négativement : « J'étais belle : j'étais moi-même. Plus les contours de mon squelette se précisaient, plus je sentais émerger mon vrai moi » (p. 97). Puis la dépression apparaît et se développe, faite d'un sentiment de vide, de dévalorisation, d'irritabilité, d'ennui, de difficultés de penser.

Un autre auteur, Valérie Valère, a raconté son expérience d'anorexique et son vécu de l'hospitalisation. Cette jeune femme, décédée à 21 ans, a écrit *Le Pavillon des enfants fous* (1978), ouvrage dans lequel elle évoque très clairement sa révolte et son opposition au monde des adultes : « L'heure des repas était particulièrement insupportable. Cette femme au teint mat, ma "mère", pleurait quelquefois, criait toujours, et me révoltait. Elle ne supportait pas ce défi, c'était la preuve que je l'avais bien choisi » (p. 32). Son hospitalisation et son traitement (obligation de manger et de prendre du poids contre la liberté) sont vécus comme une agression, une torture, et ses propos révèlent son désespoir et sa haine : « J'avais l'impression de ne jamais avoir autant mangé de ma vie et je croyais bien avoir dépassé les fameux 35 [kg] pour le lendemain, je ne me doutais pas encore de ce que l'inconscient est capable de faire. J'étais redescendue à 33 et demi ! Ils me laissèrent les livres et le papier, et reprirent mes vêtements et le couloir. Comment pouvaient-ils faire cela ? Pourtant, ils savaient bien que je n'étais pas responsable. J'avais mangé, ils ne pouvaient pas dire le contraire. Je n'arrêtais pas d'engouffrer leur sale bouffe d'hôpital et tout ce qu'ils proposaient : "Il faudra forcer la dose !" J'en ai marre, je n'en veux plus, je vais tout laisser tomber, vous m'entendez ? Que je me bourre, m'étouffe ou pas, c'est la même chose » (p. 123).

2. Lectures psychopathologiques

La rencontre avec l'anorexie confronte le clinicien à des paradoxes que ses outils cliniques lui permettent de soutenir. Il est difficile de se situer dans la relation thérapeutique sans avoir construit des repères qui permettent d'appréhender le fonctionnement de l'anorexique.

2.1. Approches psychanalytiques

L'anorexie semble associée à différents types de personnalités (schizoïde, dépendante, anaclitique...) ou différentes structures (névrose, psychose ou perversion). Cependant, la pratique permet d'établir une métapsychologie commune aux différentes expressions cliniques de l'AM. Un consensus semble se définir (sauf pour l'École lacanienne) pour avancer l'existence d'un clivage manifeste entre une partie du

Moi se conduisant de manière autonome et le reste du psychisme. Dans certaines formes graves, cette partie envahit toute la personnalité. Ce clivage rend compte du déni de la souffrance, de la répression des affects et de la position centrale du narcissisme et de l'image du corps propre. Ces troubles sont associés à une problématique en lien avec l'oralité, la question de la féminité et la destructivité interne, qui remet en cause les pulsions d'autoconservation. Paradoxalement, l'anorexie reste pour ces sujets le seul recours pour survivre.

a) Freud et ses contemporains

• Les incursions de Freud

Freud n'a pas traité de l'anorexie mentale au sens où nous l'avons décrite jusqu'alors. Il a parlé de troubles évoquant le refus de s'alimenter : l'anorexie hystérique ou mélancolique. Pourtant, plusieurs de ses analyses peuvent aider à comprendre certains aspects de l'anorexie mentale : la question des rapports mère-enfant, le rôle des identifications, de l'auto-érotisme.

Au début de son œuvre (1893), il relate la rencontre avec une femme, une mère, devenant anorexique à la naissance d'un enfant. Il traite par l'hypnose ce symptôme qui semble disparaître définitivement à la naissance du troisième enfant. Il élabore une explication en termes de « perversion du vouloir ». Il identifie des perturbations originaires de la relation mère-enfant dans cette anorexie.

En 1895, il se penche sur l'aspect dépressif de l'anorexie. Il parle de « névrose alimentaire », et la compare à « une forme de mélancolie chez les sujets à sexualité encore inachevée ». Il rapproche la perte d'appétit de la perte de libido dans la sphère sexuelle. Dans des lettres à Fliess (1899), il fait correspondre anorexie, poison des paranoïaques et perversion chez l'enfant, à partir d'une nouvelle, « La femme juge ». La notion d'« auto-érotisme », en lien avec la psychose, dessine un courant à partir duquel dériverait l'anorexie chez l'hystérique : échec de la mise en sens de la pulsion orale et de l'auto-érotisme dans les relations précoces mère-bébé. La mère interprète les cris de son enfant qui prennent un sens ; elle n'est pas seulement l'objet venant satisfaire les besoins de l'enfant, mais une des premières interlocutrices de sa construction narcissique, de l'appréhension du monde extérieur et de son monde interne. Des défaillances dans l'élaboration de ces premières relations mettant en place le rapport auto-érotique et l'instauration du narcissisme primaire peuvent entraîner des troubles comme l'anorexie mentale.

En 1915, il reprend ce rapprochement (« Pulsion et destin des pulsions ») : « L'identification est le stade préliminaire du choix d'objet [...]. Il voudrait s'incorporer cet objet et cela, conformément à la phase orale ou cannibalique du développement de la libido, par le moyen de la dévoration. Abraham a sans doute raison de rapporter le refus d'alimentation qui se manifeste dans les formes sévères de l'état mélancolique » (p. 38). Freud souligne déjà le rôle des difficultés identificatoires dans l'anorexie. Ces troubles traduiraient une mauvaise intégration de l'image du corps en lien avec les caractères sexuels secondaires (rondeurs de la puberté...) pour les jeunes filles. Les défenses par la rationalisation, l'intellectualisation et l'ascétisme sont au premier plan.

> *Cécilia* est première en classe, mais éprouve des difficultés de concentration depuis que son état physiologique s'est aggravé : « Je sais, j'ai du mal en ce moment, mais c'est parce que j'ai peut-être trop fait de sport. De toute façon, vous savez qu'il ne faut en fait pas plus de 500 Kcal par jour à une fille de mon âge. Je le sais, je l'ai lu dans une revue médicale très sérieuse. Et puis, j'en ai pas besoin, vous allez voir, dans deux jours, je vais mieux, c'est juste un petit coup de mou. » Elle finira par se replier sur elle-même très sévèrement, ce qui conduira ses parents à l'hospitaliser pour une durée de séjour indéterminée.

Au fil de son œuvre, Freud reconsidère l'anorexie sous l'angle de ses théories des pulsions et de l'influence du contexte psychoaffectif mais aussi sociétal (*Malaise dans la civilisation*, 1929). L'anorexie en tant que symptôme spécifique est mise en lien avec la construction narcissique, le choix d'objet narcissique et ses liens avec le féminin. En 1914, il avait écrit : « Il s'installe, en particulier dans le cas d'un développement vers la beauté, un état où la femme se suffit à elle-même, ce qui la dédommage de la liberté de choix d'objet que lui conteste la société » (p. 94). Le choix d'objet narcissique serait typiquement féminin comparé au choix d'objet par étayage.

> En 1914, Freud distingue deux types de choix d'objet : le type par *étayage* et le type *narcissique*.
> • Le type *narcissique* correspond à :
> *« a) Ce que l'on est soi-même ; b) Ce que l'on a été soi-même ; c) Ce que l'on voudrait être soi-même ; d) La personne qui a été une partie du propre soi. »*
> L'objet est donc investi sur la base de sa *non-différence* avec soi ; ce qui est recherché, c'est *l'identique*. La dimension de l'*idéal* est présente dans le point c).
>
> • Le type par *étayage* correspond à :
> *« a) La femme qui nourrit ; b) L'homme qui protège et les lignées de personnes substitutives qui en partent »* (*ibid.*, p. 93).

La psychopathologie freudienne permet aussi une interprétation originale : si l'oralité constitue un des modes majeurs des liens sociaux, il est ordonné autour du fantasme oral qui s'articule sur une jouissance perdue. L'anorexie serait ainsi un aménagement dans lequel adviendrait une confusion psychique entre la parole et l'alimentaire. Et ces sujets semblent vouloir justement être entendus « ailleurs » que dans la nourriture, mais ce mouvement s'accompagne aussi d'une rupture des liens sociaux.

• *Karl Abraham, Melanie Klein et Anna Freud*

Karl Abraham (1877-1925), disciple de Freud, reprend l'anorexie sous l'angle de la mélancolie (1925). Avant cela, il avait mis en lumière l'origine des troubles alimentaires en les liant aux composantes sadiques, à l'oralité, à l'érotisme anal (1920) ; un peu plus tard, Melanie Klein et Anna Freud opposeront leurs conceptions théoriques.

Melanie Klein (1921-1945), avec son travail sur les fantasmes archaïques, pense l'anorexie mentale à la lumière de sa compréhension de la dynamique orale. Selon elle, tous les phénomènes psychiques luttent contre l'angoisse. Ce sont des défenses qui se manifestent soit sur un mode schizoparanoïde, soit sur un mode dépressif. L'anorexie serait un mode schizo-paranoïde de défense contre l'angoisse. Elle postule l'existence d'angoisses archaïques qui se manifestent chez l'anorexique par le refus de nourriture, car elle se méfierait profondément de ce qu'elle incorpore (manger, c'est incorporer un objet dangereux).

Anna Freud (1936) considère l'anorexie comme un ascétisme qui consiste en un refus des satisfactions pulsionnelles. L'adolescente rejette ses pulsions vécues comme menaçantes, l'investissement libidinal des fonctions alimentaires ne peut s'élaborer, et elle rejette toute autre sorte de satisfaction pulsionnelle.

À partir des années 1950, l'anorexie est considérée sous l'angle d'un conflit se situant au niveau du corps, du fait des difficultés à assumer le changement de ce corps dans le réel. Les difficultés rencontrées dans l'anorexie sont le produit du rôle des éléments préœdipiens et plus particulièrement le rôle de la mère et des interactions précoces. Les auteurs contemporains reprennent l'idée d'une séparation problématique avec la mère et de ses avatars concernant l'élaboration de la problématique narcissique, du complexe de castration et de la problématique œdipienne.

b) Modèle humanisto-analytique de Bruch

Hilde Bruch (1904-1984) s'est consacrée à l'étude clinique des troubles des conduites alimentaires (anorexie, obésité, boulimie) dans lesquels elle a montré les liens entre le rejet du corps et les conflits liés à l'imago maternelle. Cette position permet de comprendre la problématique du narcissisme inhérente aux sentiments d'infériorité de ces patientes. Elle accorde une importance particulière au corps en considérant l'anorexie comme un trouble de la construction de l'image du corps. Sa perspective pragmatique (1977, 1984) repose sur des conceptions psychanalytiques du développement affectif (la mère ne comprend pas la demande de l'enfant, et répond en le nourrissant) et sur l'idée que les patientes utilisent leur corps d'une manière dysfonctionnelle.

L'anorexie résulte d'une carence d'apprentissage de la discrimination des besoins physiologiques, d'une impossibilité de distinguer ces besoins des tensions d'origine émotionnelle, de l'impossibilité de reconnaître sa propre identité. Un défaut d'élaboration du sentiment de son corps rend le sujet tributaire de la présence des aliments comme des personnes. Ces troubles relèvent donc d'une mauvaise appréhension de l'image du corps des sujets qui risquent de devenir des êtres dissociés aux limites du Moi diffuses et à la merci de forces extérieures (anorexie comme forme particulière de schizophrénie).

Elle propose une thérapeutique centrée sur la possibilité pour ces patients de parvenir à sentir, juger, penser en exploitant leurs ressources. S'inspirant de l'analyse existentielle pour mettre en œuvre les moyens nécessaires, elle considère que la mise en route du désir doit passer par l'ignorance. Cependant, sa thérapeutique reste ancrée sur une perspective comportementale, éducative. L'anorexie serait une contre-indication à la psychanalyse, malgré sa référence à l'usage constructif de l'ignorance. Bruch constate que la quasi-totalité des cas d'anorexiques qu'elle a examinés étaient issus des milieux américains aisés, et qu'en d'autres termes, « seuls les nantis peuvent éprouver le besoin de se priver de nourriture ».

c) L'anorexie : une « perversion froide »

Les auteurs de *La Faim et le Corps* (Kestemberg, Kestemberg, Decobert, 1972) considèrent l'anorexie comme une « perversion froide » : « Mégalomanie secrète constamment agissante à l'ombre de l'état pitoyable du corps malmené, dont *le plaisir se concentre dans l'ivresse muette de la faim* recherchée, pourchassée et retrouvée, mais se ramifie aussi dans *le vertige de la domination* « de la bête par le cavalier » (la bête étant le corps et ses besoins, maîtrisés par le sujet) et de tous ceux qui, par leur attention maladroite, pensant s'adresser au cavalier, sont entendus comme ne s'intéressant qu'à la bête. Sont simultanément présents et agissants : un vécu archaïque de fusion refusée par la mégalomanie, et le rejet du corps que ce refus commande ; la satisfaction perverse trouvée dans ce refus et le maniement d'autrui qui lui est inhérent ; le plaisir retrouvé au sein du corps, dans la faim elle-même, après le détour par le fonctionnement "désincarné" de la motricité et de la pensée. »

La métaphore de la « perversion froide » désigne ce détournement du besoin et de la satisfaction orale, comme si le besoin de nourriture faisait l'objet d'une érotisation. La satisfaction n'a pas de rapport avec un besoin comblé qui mènerait à la découverte de l'objet libidinal total, mais elle serait de l'ordre d'une jouissance liée à l'absence de satisfaction d'un besoin qui entretient l'excitation (« *orgasme de la faim* »). Cette jouissance prendrait son origine dans les relations précoces mère-enfant, contexte inaugural de l'appréhension du sens et de l'investissement pulsionnel de la nourriture. Ils évoquent la « béatitude narcissique » dans laquelle se complaît le sujet anorexique, une jouissance, où faute de rapport à l'autre, le corps est utilisé comme tiers manquant. Le circuit pulsionnel est fermé, il n'y a pas d'autre, pas d'objet, pour se satisfaire ; l'anorexie est une autosatisfaction créant sans cesse un néo-besoin. Ces auteurs utilisent aussi l'expression « *psychose froide* » (sans délire, où les défenses sont telles qu'elles luttent à mort contre l'émergence des pulsions). La notion d'« *idéal du moi mégalomaniaque* » rend compte de la tension archaïque entre le moi de l'anorexique et des idéaux irréalistes avec lesquels le rapport est intransigeant.

Les défaillances dans l'organisation narcissique, les failles de la construction de l'objet interne et de la différenciation des zones érogènes jouent un rôle dans la constitution de l'anorexie, de même que la construction narcissique (de soi) liée à la qualité des relations précoces et au type de dynamique familiale. Kestemberg *et al.* (1972) parlent de « banalité apparente » (p. 97) de la cellule familiale. Mais ce type de famille entretient des rapports particuliers parents-enfants. À partir de leur clinique, ils mettent en évidence une défaillance de la fonction paternelle et une incompréhension des besoins de l'enfant du côté maternel : des mères qui ont « sacrifié une partie d'elles-mêmes à la famille et aux enfants » (p. 126). Les relations conflictuelles à la mère manquent de tendresse et se caractérisent par des conflits transgénérationnels renvoyant à la question de l'autorité et de la soumission. Les mouvements d'autonomie et le surinvestissement de la sphère intellectuelle masquent la dépendance de l'anorexique à l'autre. Ils insistent sur l'importance de la place du sujet anorexique dans sa famille en tant que dépositaire de projections narcissiques et venant ébranler, par son trouble, un équilibre familial précaire en mettant en évidence la problématique des liens familiaux.

d) Le défaut de symbolisation

> Le concept de « *narcissisme* » désigne, en référence au mythe de Narcisse, l'amour porté à l'image de soi-même. En termes psychanalytiques, le narcissisme est l'investissement libidinal porté sur le Moi. Il s'oppose à l'investissement de l'objet. Le terme est apparu chez Freud en 1910, mais sa situation théorique précise date de 1914. Freud distingue le narcissisme *primaire* (état dans lequel l'enfant investit toute sa libido sur lui-même) et un narcissisme *secondaire* (retour sur le Moi de la libido qui était investie sur les objets).

Bernard Brusset (1998) considère que les manifestations de l'anorexie prennent leur origine dans les particularités de l'expérience féminine de la puberté et dans leur infléchissement par les facteurs familiaux. Les défaillances de la fonction paternelle et les conflits de type narcissique mère-fille, teintés d'ambivalence, rendent impossibles l'établissement des identifications œdipiennes stables et l'accès à une sexualité génitale. Pour lui, « dans l'anorexie, il s'agit d'une conduite agie qui témoigne d'une réorganisation de l'ensemble du fonctionnement psychique aux limites de l'addiction et de la somatisation, et qui génère des effets dans l'expérience du corps et dans l'économie pulsionnelle. Une fois installé, le processus tend à envahir toute la vie psychique et à s'autonomiser » (p. 222). À partir de son travail clinique auprès d'adolescentes anorexiques, il évoque comme déterminant le défaut de symbolisation qui engage le sujet à répéter à l'infini son fonctionnement psychique.

Brusset s'intéresse aux rapports de l'anorexie avec la mélancolie : tout se passe comme si le risque de dévoration et d'engloutissement réciproques de la mère et de son enfant était toujours activement présent, rendant impossible la symbolisation, et qu'un long travail de reconstruction des rapports à l'autre était à entreprendre. La menace narcissique liée aux rapports à l'objet et à soi-même engendre un mode de fonctionnement dans lequel le déni, le clivage et la projection signent l'échec de l'élaboration de l'auto-érotisme et du refoulement. Ainsi le refus de satisfaction, la maîtrise de l'objet alimentaire, au service d'un idéal du moi de perfection et d'omnipotence, traduisent une idéalisation du moi au détriment du corps érogène. L'échec de l'introjection pulsionnelle laisse la place à un mode de décharge corporel.

e) Échec de la séparation-individuation

Philippe Jeammet a longtemps travaillé avec les adolescents souffrant de TCA, qu'il situe dans une problématique narcissique, ces troubles signant des difficultés de séparation. À l'adolescence, l'individuation est mise en question, et ce sont tous les liens sociaux et familiaux qui dépendent de l'abord de la séparation. Cette séparation est problématique dans l'anorexie, le sujet restant aux prises avec les restes de dépendance non résolus. Pour Jeammet (1990), chez les adolescents souffrant de TCA, il y a un échec du processus de séparation-individuation qui se manifeste par une recherche de dépendance à un objet externe (p. 137), pour éviter la dépendance affective à un objet libidinal. Au travers de ce fonctionnement, la possibilité de se construire une identité passe par une emprise de l'objet externe qui ne permet pas l'élaboration des rapports à cet objet qui menace des assises narcissiques défaillantes (Pedinielli *et al.*, 1997, p. 67).

Jeammet (2004) caractérise l'anorexie par un constant contrôle de la relation à l'autre, car le pouvoir de cet autre est menaçant ; si l'anorexique renonce à ce contrôle opéré par le refus de nourriture, c'est comme si elle abandonnait la barrière protectrice qui la protège du pouvoir de l'autre sur elle et qui, dans le même temps, protège ses assises narcissiques. C'est au prix de la survie de son désir que l'anorexique souffre dans son corps, un corps auquel le sujet est aliéné, un corps dépendant qui jouit de s'autodétruire faute de pouvoir se séparer. L'anorexie est une autostimulation interne dans laquelle l'expérience des sensations (physiques) protège des émotions (psychiques). Les émotions, les affects, les sentiments sont comme une brèche ouverte dans le Moi, par laquelle les anorexiques craignent que l'objet s'engouffre et par laquelle ils risquent de perdre leur autonomie et leur identité.

> *Chloé, 19 ans* : « Mon père, il dit rien... De toute façon, qu'est-ce que vous voulez qu'il dise, c'est comme ça et pas autrement... Ils me répètent

> tous qu'il faut manger !! Vous croyez que je le sais pas peut-être ? Et vous, qu'est-ce que vous allez me dire, aussi que c'est pour mon bien ? Ouais, c'est toujours la même histoire… Il va falloir que vous me lâchiez la grappe puisque de toute façon, vous voyez bien que ça ne marche pas. »

f) L'approche « psychosomatique »

Dans une visée « psychosomatique », Corcos (2000, 2005) reproche au prisme addictif de l'anorexie de négliger la conception du « soi somatique ». Il avance que l'anorexie est une « modalité de réduction de ce "nouveau corps amoureux" que lui octroie l'adolescence, au corps physiologique, du corps jouissif au corps mécanique par la réduction du désir au besoin, du corps langage au soma opératoire. Le corps de l'anorexique se dresse debout devant le monde qui l'éprouve sans l'affecter et tente en retour de lui opposer non une surface de contact pour une relation tendre inconnue mais une frontière hermétique » (2005, p. 282).

À partir d'une relecture sous l'angle des « théories psychosomatiques », Corcos « revisite » les TCA, et apporte de nouvelles conceptualisations et stratégies thérapeutiques. Il met en évidence le rôle de l'étayage environnemental dans la structuration de la personnalité de ces sujets en soulignant la défaillance des socles identificatoires, et définit ces troubles comme des « pathologies du narcissisme ».

Cette thèse s'appuie sur l'importance conférée aux premières expériences dans le miroir en utilisant le modèle winnicottien (« Fear of breakdown », 1974) des rapports de l'enfant à son image. La construction d'une identité psychique se réalise selon une double polarité : soi et le même que l'autre, mais il y a aussi l'identité corporelle qui se fonde à partir des expériences proprioceptives. Dans ce modèle, la mère est défaillante au regard de son identité, et ne peut assurer la continuité psychique qui permettrait à l'enfant de « faire du lien », de se construire un corps propre, d'élaborer son narcissisme. Les bases de sécurité affective de l'enfant sont défaillantes ; tout se passe comme si, pour les mères, une partie d'elles-mêmes ne pouvait répondre à une élaboration qui engendre une discontinuité des liens, une impossibilité à répondre à certaines dimensions affectives, ce qui laisse l'enfant en proie au travail de la pulsion de mort.

L'enfant est utilisé comme objet de « *complaisance narcissique* », un objet pour lequel la mère exerce une maîtrise, une emprise dans lesquelles les limites sont difficiles à élaborer, et par là même le rapport libidinal à l'autre. Corcos parle également d'« *induction d'éprouvé corporel* » (et non de transmission) de l'absence qui se traduit par des excitations internes ne prenant pas sens, auto-prodigués pour tenter de pallier l'absence laissée par le vide du corps maternel. Cette absence maternelle est hors sens pour l'enfant, cette mère ne lui donne pas la possibilité de pouvoir penser cette absence : « L'identification de l'enfant à cette absence est non-imitation plaquée-adhérence (psychosomatique), non identification-adhésion par introjection ou incorporation-encryptement (mélancolie), mais incarnation (identifications et incorporation mêlées) ressemblance profonde narcissiquement nécessaire. Et ce avant qu'amour et haine ne s'installent » (Corcos, 2005, p. 102).

Le « choix d'un symptôme corporel » serait une conséquence de la mauvaise qualité de l'instauration des premières relations qui déterminent les types et modes d'investissement narcissique de l'enfant. Le type d'investissement du soi somatique (référence au Moi-peau d'Anzieu) de l'enfant par la mère prend une importance particulière. Cette mère, elle-même soumise à un défaut d'investissement du soi somatique, ne peut aider son enfant à la première organisation de l'image de son corps. Corcos parle à ce propos de transmission corps à corps d'une psychopathologie maternelle, d'une confusion entre le maternel et le féminin, le soi et le non-soi, qui participeraient à la genèse de l'anorexie. Cette discontinuité précoce dans les rapports de l'enfant à sa mère ne permet pas à l'enfant de lier ses sensations internes à des éprouvés corporels ; il reste soumis aux exigences du ça qui déborde son moi encore immature.

La réduction de l'excitation anarchique produite par les premiers rapports de l'enfant à son monde se produit par la « trouvaille addictive » (2005, p. 102) comme l'anorexie. Toutes les expériences de satisfaction, de séparation, d'absence ne peuvent que s'élaborer psychiquement en termes de vide ou de plein du corps, en se passant des modalités de pensée fantasmatique du corps. Tout se passe comme si pour les anorexiques, il n'y avait pas d'articulations possibles entre le corporel et le psychique du fait de ce défaut de symbolisation des expériences. Ce corps reste non lié à la psyché en proie à un phénomène de dépersonnalisation, et l'adolescence exprime ces phénomènes et leurs conséquences psychosomatiques. L'ébranlement narcissique est tel que la solution anorexique reste l'ultime recours aux questions et éprouvés du féminin.

g) La perspective lacanienne

Dans la logique lacanienne, l'Autre (avec une majuscule), concept essentiel, désigne une place où se situe ce qui est antérieur et extérieur au sujet. À cette place viennent s'inscrire la mère, son désir. L'objet du désir est, pour Lacan, le phallus, terme hérité de la conception de Freud. Le phallus est ce qui manque, ce que l'on cherche, ce que l'on pense être possédé par d'autres, ce que l'on peut, fallacieusement, attribuer au père ou à la mère… *mais que personne ne possède.* Le sujet est, avec l'œdipe, situé dans une problématique qui va d'« être le phallus » pour combler la mère à « avoir le phallus », ce qui le plonge dans une recherche, une quête, incessante.

Il y a trois temps dans le complexe d'Œdipe.

– 1er temps : au sortir du stade du miroir, l'enfant s'identifie à ce qu'il croit être *l'objet du désir de la mère* – qui occupe la place de l'Autre. L'enfant se fait alors *l'objet* de ce qui manque (ce que vise le désir) à la mère : le *phallus.* La formulation théorique est : l'enfant s'identifie à l'objet qui manque à l'Autre, à l'objet du désir de l'Autre. La question est d'être le phallus, dans une logique qui tente de répondre à la demande de la mère (sois ce qui me comble, et remplis mon manque !), c'est-à-dire, en termes plus structuraux, *être le phallus* pour répondre à la demande de l'Autre.

– 2e temps :la médiation paternelle intervient dans le rapport enfant-mère-phallus sous le mode de l'interdiction. Avec la présence symbolique du père, l'enfant remet en question son identification à ce qui pourrait *combler* la mère, celle-ci étant supposée être intéressée par ce que possède le père (le phallus). Dans cette quête de l'avoir, dans cette rivalité avec le père, l'enfant rencontre *la loi du père* qui le confronte à la castration. La substitution du symbole du nom-du-père au désir maternel (« métaphore paternelle ») décale le désir du sujet du désir de la mère. Il est désormais clair pour l'enfant qu'il ne possède pas le phallus, la question du *manque* s'engage ici.

– 3e temps : la symbolisation de la loi, conséquence de la confrontation à la *castration*, a des effets structurants, notamment sur le repérage de la place du désir de la mère. L'enfant quitte la problématique de l'être (être le phallus, c'est-à-dire ce que désire la mère) pour négocier celle de l'avoir. L'enfant, dépourvu de phallus, peut le convoiter là où il se trouve. Ni le garçon ni la fille n'ont le phallus, pas plus que le père réel qui est supposé le détenir, mais la logique des identifications qui dépend de l'enjeu phallique est différente selon les sexes. Le garçon, en renonçant à être le phallus maternel, peut s'engager dans l'avoir en s'identifiant au père, *supposé* avoir le phallus. La fille peut, de la même façon, se dégager de la position d'objet du désir de la mère, en se situant comme « ne l'ayant pas » et en s'identifiant à la mère dans une recherche du côté de ce que le père pourrait avoir (Pedinielli, Bertagne, 2010).

• *L'anorexique et le « manger rien »*

Dans son séminaire « La relation d'objet », Lacan (1957) avance que « l'anorexie mentale n'est pas un *ne pas manger*, mais un ne *rien* manger. *Rien*, c'est justement quelque chose sur le plan symbolique [...] ce qui est autre chose que la négation d'une activité. De cette absence savourée comme telle, il [l'enfant] use vis-à-vis de ce qu'il a en face de lui, à savoir la mère dont il dépend. Grâce à ce rien, il la fait dépendre de lui » (p. 184-185). Plus loin, Lacan souligne, à propos de la phobie : « C'est la peur d'une absence, je veux dire de cet objet qu'on vient de lui désigner. Le petit Hans a peur de son absence, à entendre comme dans l'anorexie mentale, je vous dis qu'il faut entendre non pas que l'enfant ne mange pas, mais qu'il mange rien. Ici le petit Hans a peur de l'absence du père, absence qui est là et qu'il commence à symboliser » (p. 346). La distinction qu'opère Lacan entre besoin, demande et désir éclaire l'enjeu de l'anorexie. Dans cette perspective, la problématique de l'anorexie est une dialectique du désir pervertie, puisque c'est un « désir de ne pas désirer ».

Logique lacanienne de la subjectivation

Pour qu'une séparation advienne, il y a nécessairement une aliénation dans le langage. La séparation se dialectise et s'articule avec le processus d'aliénation pour que du manque au désir, le sujet accède au langage, et du désir à la demande il s'y aliène. Par conséquent, le lien social s'institue à partir d'un manque que le sujet cherche à combler et qui ne prend sa pertinence qu'au travers du langage.

Dans l'anorexie, la dialectique du besoin et du désir est travestie, la demande est court-circuitée par le besoin en lieu et place du désir. L'anorexique cherche alors, en actes, à ne pas répondre en ne mangeant pas pour continuer à désirer. Le « rien » prend son importance : c'est justement le maintien de ce « rien » qui permet la symbolisation. Ainsi la question du désir semble paradoxale : ce « désir de ne pas désirer » est aux premières loges du théâtre anorexique.

Dominique, 17 ans : « Je fais toujours à manger, du moins j'essaye. En tout cas, mon frère, il en redemande, tout le monde aime quand je fais à manger, c'est chouette, ils adorent ça » ; « moi, je préfère faire à manger, ça veut pas dire que j'en mange pas, mais je savoure tout le bien que ça peut faire à tout le monde. »

Antoine, 14 ans : « Antoine ne mange plus, et c'est pire depuis qu'il est hospitalisé », nous rapporte sa mère. Ce jeune garçon est en « cure de répit » à la demande du médecin de famille, car les parents sont à bout. Lorsque nous le rencontrons, il est en retrait, observe le lieu, et semble considérer avec dédain ce que raconte sa mère. Lorsque nous nous intéressons à lui, il semble à la fois satisfait et terriblement triste : « Je n'avais pas besoin de lever le petit doigt dans cet endroit, ils sont tous idiots et ne comprennent rien ; ma mère encore moins qu'eux ; tout ce que je veux, c'est qu'on me laisse en paix ! »

Dans la problématique anorexique, l'enjeu du sujet serait de calmer sa faim pour faire taire son désir : confusion entre besoin et désir. Il est insupportable pour l'enfant que sa demande soit interprétée en termes de besoin, il serait subjectivement vital de manger « rien » pour préserver la dimension du désir. Sous la confusion du désir et du besoin, le sujet anorexique se soustrait pour préserver sa subjectivité. Ce fonctionnement permet qu'un « rien » de désir puisse advenir. Dans cette articulation, sa demande prend une forme particulière puisque ce serait une « demande de non-demande ». Alors que la demande s'articule au désir, la demande de l'anorexique s'articule à une jouissance du corps qui conduit à atteindre l'ultime objet cause du désir (« objet a »).

Le refus de nourriture permet à l'anorexique de continuer à désirer, mais il marque aussi une impossibilité à accéder aux identifications féminines adultes sexuées. Le refus d'une sexualité génitale serait une tentative de réponse à l'énigme du désir qui se pose et qui lui est insupportable.

> *Cécilia, 19 ans* : « J'ai pas envie de manger et de toute façon, on peut pas me forcer si j'ai pas faim... Ce qui me plaît, c'est la lecture. Tous ces trucs des filles de mon école, c'est pas mon truc... J'ai pas besoin de voir les garçons. Il y avait Steven, il était gentil, mais j'ai pas pu être amie avec lui parce qu'il ne recherchait pas ça mais autre chose... C'est futile... Comme le maquillage... Ma mère me tanne pour m'en faire acheter parce qu'elle, elle en met tout le temps, elle dit qu'elle peut pas sortir sans... Je veux juste qu'on me laisse tranquille. »

• *Le corps et la question du féminin*

L'image du corps se structure grâce au discours, au langage, et se réfère à un imaginaire intersubjectif marqué d'une dimension symbolique. Pour Dolto (1984), l'image inconsciente du corps correspond « à la synthèse vivante de nos expériences émotionnelles [...] elle peut être considérée comme l'incarnation symbolique inconsciente du sujet désirant ». À travers son corps, l'anorexique exprime un paradoxe qui se traduit par des mouvements contradictoires, puisque ce corps est à la fois caché et exhibé, surinvesti et décharné – sans compter l'admiration sans bornes que l'anorexique voue à la beauté féminine malgré l'autodestruction de son propre corps.

> *Clara, 30 ans,* se regarde dans la glace : « Regardez, là, il y a du gras (elle attrape sa peau au niveau de son ventre déjà bien trop maigre), et

> puis là (elle attrape ce qui lui reste de muscle au niveau de ses fesses), vous voyez, c'est moche… Je suis moche. Il faut que je sois disciplinée, sinon je vais continuer à ressembler à une grosse baleine encore longtemps, vous avez vu, c'est pas des blagues. »
> « Parfois, quand je marche, j'ai l'impression que mes jambes sont trop lourdes : c'est parce qu'elles sont énormes, et quand je m'assois, j'ai la sensation que tout mon gras du bide s'expose. »
> Cependant, Clara se plaît à exhiber ce corps au regard de l'autre. Elle vient en entretien à moitié dénudée (minijupe et tee-shirt très court), soumettant ce corps au regard de l'autre.

Le sujet anorexique interroge dans la beauté l'énigme de la féminité, cet objet désirable que serait le corps. L'anorexie apparaît à l'adolescence, où la jeune fille est confrontée à la question – insoluble pour elle – de la jouissance qu'elle voudrait maîtriser, et elle ne trouve comme échappatoire qu'une solution restrictive, anorexique (cf. *infra* MacLeod). Comme toute adolescente, elle pose la question de la féminité, de « l'être femme », de la Femme (catégorie culturelle opposée à l'Homme) et du désir. Cette question implique aussi les restes de la dépendance de l'enfant confronté à la jouissance de l'Autre maternel tout-puissant (de la mère vécue par l'enfant comme omnipotente). Pour arriver à résoudre cette question, il faut accepter l'existence – énigme – du désir de l'Autre, du réel du corps, ce que l'anorexique ne peut faire. Par son refus, elle dit, sans le savoir, quelque chose ; elle demande, mais elle n'arrive pas à soutenir cette demande puisqu'elle ne prend pas en compte le désir de l'Autre.

> *Émilie, 15 ans* : « Je vous ai amené des magazines pour que vous voyez à quoi j'aspire (sur ces photos, des mannequins au corps décharné)… En fait ça, ce serait parfait, j'ai encore du travail ! Et je veux pas entendre que je suis belle. Pour moi, être belle, c'est ça… Ma mère, elle me dit que ce n'est pas vrai et qu'il faut que je mange plus, elle veut pas admettre que j'ai raison. »

• ***La capture imaginaire et la problématique mélancolique***

Dans une perspective structurale, si l'anorexie est un « *choix du sujet* », il apparaît comme un refus : « Le choix de l'anorexie se caractérise principalement comme un choix pour le refus » (Recalcati, 2010). La clinique montre que l'anorexique refuse la soumission aux lois de la nécessité biologique, mais ce refus s'articule à la question de la séparation. Le « choix » de l'anorexie lui permet de maîtriser son corps, ce qui constitue une source de plaisir.

Contrairement à la boulimie, l'anorexie est une tentative de maîtrise absolue, maîtrise du corps, de la dynamique pulsionnelle qui lui est associée, et par là même de la demande de l'Autre maternel tout-puissant, cet Autre dont ces sujets se refusent à être l'objet de jouissance. Dans une recherche d'autonomie, dans le rapport à l'Autre, la position du sujet anorexique est un refus d'être en référence à un Autre auquel nous sommes indéniablement aliénés. Il existe seulement l'autre, cet autre idéalisé de l'image spéculaire de son corps.

Aliéné à cet autre, le sujet anorexique refuse la dépendance symbolique qui le lie aux signifiants de l'Autre, il refuse sa division fondamentale qui le fait exister hors de son image. Il y perd son corps en essayant d'exercer sur lui une maîtrise absolue. Il se confond avec son image d'un corps décharné, désincarné, érigée en icône et idéalisée, une incarnation réfléchie de son moi idéal. La confusion dans le regard de l'autre momifie le sujet et l'engage dans une quête d'absolu inatteignable. Le désir anorexique s'identifie à l'impérissable, l'anorexique ne veut dépendre de rien ni de personne.

Il ne veut pas parler de sa souffrance, puisque parler, c'est demander ; ce silence lui permet de se protéger des affects dépressifs. Il ne recherche pas les relations, et est souvent qualifié de timide. Parler de sa souffrance signifie en perdre quelque chose, et il se vit comme déjà mort, donnant à voir, à son insu, aux autres le spectre de la mort.

À la question fondamentale du « qui suis-je ? », l'anorexique se réduit à une position fantasmatique morbide, tel un cadavre, à une position de non-sujet, celui qui ne parle pas. Selon Lacan, le symptôme est ici le signifiant d'un signifié refoulé de la conscience du sujet. « Symbole écrit sur le sable de la chair. » Ce qui est tu, non dit, s'exprime sous la forme d'un symptôme, comme un refus de nourriture qui institue le corps en cadavre.

Le sujet se construit progressivement un corps en fonction du regard d'autrui. De ce regard, au départ celui de la mère, le sujet se saisira dans son corps, y trouvera des bornes qui le définissent et lui permettront de l'investir libidinalement. Pour l'anorexique, la forme particulière de cruauté qu'il tourne contre lui-même laisse penser qu'il se serait identifié à un regard particulier que les autres (dont la mère) auraient pu porter sur lui. Tout se passe comme s'il s'était identifié à la haine ou à l'indifférence d'un regard provoquant la négation du corps propre. Dans cette dynamique, les limites temporelles aussi sont floues. Les anorexiques disent que le temps s'éclipse de leur expérience vécue, ils se décrivent figés dans le temps.

> *Ophélie, 21 ans* : « Les jours se ressemblent. Tous les matins, je me lève, je me pèse, puis je fais de l'exercice avant d'aller en cours... Même les cours se ressemblent, je me sens comme en surface, en arrêt... Des fois, je me dis que finalement, si j'étais morte, ce serait la même chose, puisque de toute façon je ne vois personne, et quasiment plus personne ne me parle... Les gens passent et ne me regardent plus, j'intéresse plus personne, à quoi bon... »

Lambotte (1993) décrit le temps « éclipse » du mélancolique, « soudé non pas au passé mais à une inconnue transgénérationnelle, c'est-à-dire à un blanc qui occulterait la place du sujet et masquerait son origine » (p. 56). La question des origines qui s'inscrit dans la problématique du sujet anorexique suppose la possibilité de faire un choix et de se soumettre à la division subjective fondamentale, puisque « qui suis-je ? » suppose « qu'est-ce que l'autre me veut ? » Pour l'anorexique, perdre la vie par contingence extérieure est impossible. Cette indifférenciation entre la vie et la mort, cette exigence de non-être, l'engage dans une toute-puissance avec, comme corollaire, une autodépréciation. Si je ne suis rien, je peux être tout, et c'est dans cet intervalle que le sujet anorexique se perd et se meurt. Cliniquement, il exprime cet état de dépression chronique par une dépréciation constante, une peur de la désintégration et de la pourriture.

> *Ophélie* : « Je ne suis rien, à quoi je sers finalement... Je ne sais pas, je ne sais plus, je suis une merde (elle pleure). Vous allez me dire pour-

> quoi, c'est comme ça, hein ! Je comprends pas, j'ai tout fait, j'étais presque parfaite et maintenant, je suis transparente et je sais plus quoi faire pour être bien... Lorsque je réfléchis, je suis seule, et je me dis que je vais lire un livre pour m'aérer la tête, mais j'y arrive même plus... Ces pensées, elles sont là, j'ai fait trop de mal, mes parents, ils pensent qu'à ça, ma maladie ! Et c'est foutu maintenant, je suis morte à l'intérieur. »

L'anorexique est seule, l'anorexie lui permet, non pas de désirer, mais d'atteindre une forme de jouissance dépourvue de liens sociaux. Elle met en scène, au travers de son corps, ce qui l'obsède. Le rejet de nourriture se substitue à l'angoisse qui se traduit par une peur de ne pas être aimé pour soi-même. Tout se passe comme si rien ne lui permettait de s'insérer dans une relation de désir. L'anorexie se rapproche ainsi de la mélancolie que Freud (1915) définit comme « une dépression profondément douloureuse, une suspension de l'intérêt pour le monde extérieur, la perte de la capacité d'aimer, l'inhibition de toute activité et la diminution d'estime de soi ». Lambotte qualifie la mélancolie « d'entre deux morts », et l'identifie à un retour au rien, à un état d'indifférenciation prénatal. Cet état se rapproche de celui de l'anorexique qui entretient une possibilité de néantisation, de rien où le tout devient possible.

h) Aspects développementaux

Si l'éclairage psychanalytique structural porte sur la nature du conflit pulsionnel, les travaux développementaux se penchent davantage sur les failles du développement psychologique (ensemble des transformations affectant l'individu au cours du temps) : stades psychoaffectifs et mécanismes assurant le passage d'une étape à une autre. Dans l'anorexie, la fragilité des liens avec l'environnement aurait entraîné des failles dans son développement.

Malgré des différences théoriques, les écoles se rejoignent en évoquant une pathologie du lien (relation aux autres) et des failles précoces du développement réactivées à la puberté. Le corps, en tant qu'objet du désir parental, se mêlerait bien souvent à la dynamique orale destructrice vis-à-vis des parents : la haine de la mère se condenserait sur le corps, et actualiserait le fantasme de destruction maternelle, ou d'incorporation orale. À l'adolescence, sous l'effet de la réactivation des conflits infantiles, une répression de la génitalisation des pulsions s'opérerait, et laisserait place à une régression libidinale orale. L'oralité adviendrait comme fonction de sexualisation par *déplacement*, la fonction alimentaire se faisant le réceptacle des conflits sexuels, et donnant lieu au dégoût-rejet-inhibition à l'œuvre dans l'anorexie.

Dans cette configuration, la puberté serait source de sentiments d'impuissance face aux remaniements psychiques et aux nouveaux besoins du corps : les attitudes de contrôle à l'égard de ce corps permettraient de contrecarrer les angoisses liées à la sexualité génitale, par déplacement du conflit sur l'oralité et en réactivant des relations d'objet appartenant aux stades antérieurs de la libido. Le rôle de la régression libidinale devant la sexualité génitale semble opérer pour les anorexiques.

Mais cette problématique libidinale génitale ne suffit pas à appréhender les perturbations précoces du développement, souvent reliées à une fragilité des relations parent-enfant (Corcos, 2005). La conduite de refus de nourriture est aussi l'évitement d'un processus de « mentalisation des identifications » dans la lecture de Jeammet, suivi d'un rapport à la féminité marqué d'une impossibilité à s'identifier à une femme adulte sexuée. L'énigme et le refus d'une sexualité génitale semblent s'imposer. L'anorexie permettrait à la jeune fille de se soustraire à certains aspects développementaux et interpersonnels qui engendrent de l'anxiété (les menstruations, l'intimité sexuelle, les responsabilités nouvelles...).

L'étape conflictuelle qu'est l'adolescence renvoie également à la problématique de séparation-individuation, déjà amorcée antérieurement : les fragilités de l'élaboration subjective du conflit dépendance-autonomie sont développées par différents auteurs, et notamment Jeammet. Pour lui, les TCA sont à entendre comme des aménagements de la dépendance : dans l'anorexie, « faire sans l'autre » *vs* « faire avec l'autre » ne pourrait trouver qu'un équilibre pathologique en réponse à ce conflit séparation-individuation. L'autonomie psychique est ici synonyme de destruction (angoisse d'abandon), en même temps que le sujet la réclame pour sa survie subjective. L'anorexique se retrouverait, à cette étape, dans une impasse du développement, bloquée entre régression orale et désir de séparation. La maîtrise du lien et le contrôle de la distance aux objets sont au centre.

La théorie de l'attachement de Bowlby illustre cette problématique de la dépendance : le besoin de relation ne repose pas seulement sur la satisfaction des besoins, et ce sont les premières expériences interactionnelles avec les figures d'attachement de l'enfant qui vont « calibrer » la forme des liens d'attachement à l'adolescence, puis à l'âge adulte. Les études sur l'attachement montrent l'existence d'un attachement insécure chez les personnes présentant des TCA, plus fréquemment de type « détaché » pour l'anorexie restrictive. Ces corrélations – et non causalité – sont à rapprocher des fragilités narcissiques invoquées par les psychanalystes.

i) La thèse « addictive »

Plusieurs paradigmes explicatifs considèrent les TCA comme des *addictions*. Mais l'anorexie est plus difficile à situer dans ce contexte que la boulimie et, souvent, c'est à cause de la relation entre boulimie et anorexie (alternance) que cette dernière peut être considérée comme une addiction, trouble dont les exemples classiques sont les dépendances au tabac, à l'alcool, aux toxiques, au jeu, au risque, au sexe. Le terme recouvre deux choses : une série de troubles répondant à certaines caractéristiques, et une psychopathologie. Les critères de Goodman fournissent une définition opératoire de l'addiction : « comportement qui a pour fonction de procurer du plaisir et de soulager un malaise intérieur, et qui se caractérise par l'échec répété de son contrôle et de sa persistance en dépit des conséquences négatives ». Il propose les critères suivants :

A. Impossibilité de résister aux impulsions à réaliser ce type de comportement.

B. Sensation croissante de tension précédant immédiatement le début du comportement.

C. Plaisir ou soulagement pendant sa durée.

D. Sensation de perte de contrôle pendant le comportement.

E. Présence d'au moins cinq des neuf critères suivants : 1- préoccupation fréquente au sujet du comportement ou de sa préparation, 2- intensité et durée des épisodes plus importantes que souhaitées à l'origine, 3- tentatives répétées pour réduire, contrôler ou abandonner le comportement, 4- temps important consacré à préparer les épisodes, à les entreprendre ou à s'en remettre, 5- survenue fréquente des épisodes lorsque le sujet doit accomplir des obligations professionnelles, scolaires, universitaires, familiales ou sociales, 6- activités sociales, professionnelles ou récréatives majeures sacrifiées du fait du comportement, 7- perpétuation du comportement bien que le sujet sache qu'il cause ou aggrave un problème persistant ou récurrent d'ordre social, financier, psychologique ou physique, 8- tolérance marquée : besoin d'augmenter l'intensité ou la fréquence pour obtenir l'effet désiré, ou diminution de l'effet procuré par un comportement de même intensité, 9- agitation ou irritabilité en cas d'impossibilité de s'adonner au comportement.

F. Certains éléments du syndrome ont duré plus d'un mois, ou se sont répétés pendant une période plus longue.

La psychopathologie de l'addiction tente de rendre compte de la nature de la dépendance, de la fonction de l'objet (ou de la situation) d'addiction, de la jouissance, de l'organisation psychique des sujets, du rapport entre l'addiction et le sociétal.

D'un point de vue descriptif, l'inscription de l'anorexie parmi les addictions pose le problème de l'objet (de quoi est dépendant l'anorexique ?), de la constance du phénomène (alors que les autres addictions paraissent plus rythmées par des crises ou la répétition d'actes), par le fait qu'il s'agit d'un non-acte (ne pas manger) alors que les autres addictions sont des actes. Toutefois, il est possible de considérer l'anorexie comme une forme originale d'addiction. En revanche, les analyses psychopathologiques montrent bien les parentés de processus entre l'anorexie et les addictions : prégnance des phénomènes dépressifs et évolution vers d'autres toxiques, début à l'adolescence avec mise en place de conduites compulsives, impulsives, échec de l'introjection.

L'objet d'addiction est un objet manipulable à souhait, un objet substitutif qui ne menace pas l'intégrité psychique. Les anorexiques décrivent un sentiment de vide, mais également un sentiment de honte associé à la culpabilité, un vécu de dépersonnalisation et, paradoxalement, un maintien masochique de la conduite sans prise en compte de ses effets dévastateurs. Enfin, l'existence d'une problématique narcissique dans les TCA est régulièrement relevée. L'excitation que procure la conduite est assimilée à une jouissance qui tente de combler le vide désorganisateur. L'impossibilité pour ces sujets d'élaborer le manque, et plus encore le *vide*, les amène à mettre en œuvre une autostimulation rassurante sans cesse répétée. L'anorexie est source de stimulation, et procure à la fois une euphorie et un apaisement dont les effets sont l'accoutumance et la dépendance liées aux difficultés à se séparer physiquement et psychiquement. Tels les effets d'un psychotrope, l'anorexie entraîne le sujet à maintenir, répéter, stimulations et apaisement. Ce mode de fonctionnement psychique détermine le mode d'entrée en relation à l'autre, marqué de dépendance au regard de l'autre, à sa reconnaissance, associé à une tentative de manipulation de la relation pour pallier cette dépendance affective. Les changements brusques dans le rapport à l'autre renforcent la tentative d'échapper à la dépression, liée à l'abandon, au vide, qui menace l'identité. Pour se défendre, l'anorexique tente, par la nourriture qu'il maîtrise, d'établir entre lui et l'autre une distance nécessaire, un contrôle relationnel. Il s'agit pour le sujet de tenter de vivre, de désirer et, pour ce, il utilise les moyens psychiques dont il dispose (cf. MacLeod *infra*).

Nous nous limitons, ici, à quelques modèles, représentatifs de la psychopathologie de l'anorexie comme addiction.

Tout d'abord, P. Jeammet inscrit les addictions, et plus particulièrement les troubles alimentaires, dans une problématique narcissique, comme modalité de l'abord de la séparation. Ce sont « les prototypes des conduites de dépendance que l'on retrouve derrière les troubles du comportement de l'adolescence » (2005). Le thème de la séparation, donc des liens sociaux et familiaux, est au centre de la problématique adolescente, puisque cette période est « un puissant révélateur de ce qui reste de dépendance non résolue aux personnes clés de l'environnement infantile ». Il met en lien les troubles liés à la séparation (donc de la relation à l'autre), les échecs du processus de séparation-individuation, et la recherche d'une dépendance à un objet externe. Ainsi, « les différents échecs de cet accès à la séparation induisent des solutions de compromis parmi lesquelles l'investissement substitutif de la réalité externe et la majoration de ses propres sensations ».

Pour Jeammet (1991), l'anorexie correspond à la non-satisfaction du besoin par le contrôle de l'autre : « C'est la peur du pouvoir de l'autre sur soi qui rend si difficile l'abandon de la conduite anorexique. Renoncer à ce comportement, c'est se priver de la barrière protectrice qu'offre le refus, et se livrer sans défense au pouvoir de la personne investie. »

Corcos insiste sur l'incapacité à gérer les conflits au travers d'une problématique liée à l'adolescence. Il met l'accent sur la similitude entre les rapports du sujet à la nourriture, et ses rapports aux autres. L'enjeu du fameux « paradoxe anorexique » se situe dans l'alternance entre avidité affective et isolement social sévère (au travers d'une intolérance à la solitude malgré un retrait libidinal important), ainsi qu'une grande sensibilité au regard de l'autre, sous-tendue par une difficulté à trouver sa distance relationnelle et à gérer ses mouvements affectifs. Ces marqueurs d'angoisses liées à la séparation, conjointes paradoxalement à des angoisses d'intrusion, renvoient à la problématique de la dépendance. L'addiction serait un comportement visant à mettre le sujet à l'abri de la dépendance à l'autre, lorsque le travail de séparation s'opère mal. Il s'agirait de sauvegarder son identité grâce à l'emprise sur l'objet externe, afin d'éviter le processus d'intériorisation, menaçant les assises narcissiques.

2.2 Approche cognitivo-comportementale

L'installation et la persistance des TCA s'appuient sur des mécanismes de conditionnement classique (répondant), opérant, d'apprentissage social et sur des schémas cognitifs singuliers. L'adolescence, période de conflits et d'affirmation, est souvent accompagnée de sentiments d'incompétence, de dévalorisation, faisant le lit des perceptions négatives du corps et des peurs liées à la prise de poids.

a) Conditionnement répondant et opérant

Dans l'approche comportementale, les conduites de restriction alimentaire et la perte de poids sont soumises à des mécanismes de conditionnement répondant (apprentissage dû à l'association entre stimuli de l'environnement et réactions automatiques de l'organisme, appelé aussi conditionnement pavlovien) et opérant. Le conditionnement opérant correspond à un apprentissage engendrant un comportement, les conséquences de ce dernier rendant plus ou moins probable la reproduction du comportement. Skinner distingue le conditionnement opérant du conditionnement classique (répondant) par ses conséquences sur l'environnement et par le fait que la réponse n'est pas une réaction réflexe de l'organisme.

Des mécanismes de conditionnement répondant et opérant participeraient à l'apprentissage des conduites d'évitement de la nourriture : association de la nourriture au stimulus inconditionnel interne de la peur de grossir, qui engendrerait une réponse conditionnelle d'anxiété. Les mécanismes d'évitement des émotions négatives liées à la nourriture viennent renforcer la réduction des prises alimentaires et la perte de poids.

b) Renforcement positif interne et externe/apprentissage social

L'amaigrissement engendre également des renforcements positifs externes et internes. D'une part, concernant les renforcements positifs externes, l'amincissement peut être source d'encouragements de l'entourage familial et social (Fairburn *et al.*, 1999). Les renforcements sociaux pourraient demeurer même en présence de signes de maigreur extrême : une étude basée sur un questionnaire évaluant les attitudes de la famille et des amis a observé que les attitudes les plus fréquentes étaient l'acceptation et/ou l'approbation, et que le sujet anorexique était fréquemment jugé attractif, envié ou admiré.

D'autre part, des renforcements internes seraient aussi engendrés par la perte de poids, sous la forme de schémas cognitifs positifs liés à la recherche de contrôle sur soi. Ainsi, les sentiments d'impuissance et d'infériorité, l'estime négative de soi, souvent rencontrés à l'adolescence, seraient des facteurs favorisant l'AM, par le biais de ces renforcements positifs internes. Les conduites anorexiques permettraient l'illusion d'une maîtrise et d'un contrôle absolu de la valeur subjective, de par la valorisation culturelle de la minceur, puisque associée aux notions de beauté, de liberté, de réussite et de pouvoir.

Dans ce jeu de renforcements externes/internes, le désir de minceur peut s'ancrer dans la croyance de retrouver un corps d'enfant et de se libérer des contraintes de l'adolescence. L'aménorrhée confirmerait le renversement de la puberté, et potentialiserait le sentiment de contrôle. La recherche de minceur sous-tendrait également l'évitement du passage à l'âge adulte.

c) Distorsions cognitives (Beck)

L'approche de Beck relève le rôle des distorsions cognitives : croyance que la minceur et l'apparence physique sont des critères de la valeur subjective. Mais ces distorsions ne se localisent pas seulement au niveau du corps et de la nourriture : elles accompagnent tous les aspects de la conception de soi et des relations sociales. L'anorexie présente principalement des distorsions dominées par une rigidité intellectuelle, avec des pensées marquées par des règles inflexibles, s'inscrivant dans des notions d'obligation extrême (exemple de la tyrannie liée aux devoirs), ou des pensées dichotomiques fondées sur le mode du « tout ou rien » (pas de compromis ni de nuance). Ces distorsions, plus ou moins explicites, peuvent être déduites des propos et conduites, croyances et schémas cognitifs.

> *Exemple* : des conduites impératives à tenir telles que tant d'heures d'activités physiques par jour ; la tendance à appréhender les individus comme beaux ou laids, bons ou méchants ; les aliments sont classés dans deux catégories opposées (« bons » *vs* « mauvais »).

Ces distorsions contribuent à potentialiser et rigidifier des idéaux de perfection irréalisables, et l'impossibilité de les satisfaire provoquerait des sentiments d'incompétence et d'inadéquation (objectifs trop élevés par rapport à son aspect physique, à ses activités scolaires, sociales ou sportives). L'idéal de réussite totale ne laisse d'autre alternative qu'un renforcement des sentiments négatifs de soi (« si je ne réussis pas tout, je ne vaux rien »).

Enfin, l'isolement et les ruptures sociales aggravent le déficit en termes de compétences sociales, et accroissent la distance relationnelle instaurée à l'égard des autres, freinant la réinsertion sociale et enfermant le sujet dans ses symptômes.

d) Analyse fonctionnelle : modélisation de l'anorexie

C.G. Fairburn a proposé un modèle de la boulimie. Sur la base du même modèle, une analyse fonctionnelle de l'anorexie a pu être esquissée.

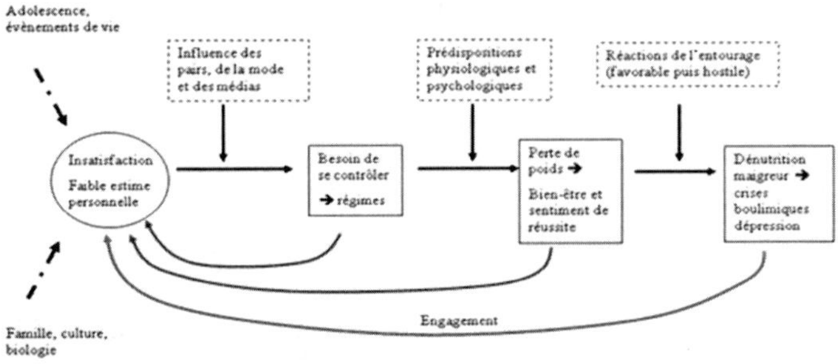

Dans ce modèle, les facteurs d'entretien du trouble seraient autant liés à l'amaigrissement et à ses conséquences physiologiques qu'aux réactions de l'entourage. L'analyse fonctionnelle de l'anorexie met en avant l'existence et l'importance de boucles rétroactives de renforcements des conduites anorexiques, dans lesquelles s'entremêlent et se renforcent réciproquement les conduites anorexiques, les distorsions cognitives, les renforcements positifs internes et externes. Cette conceptualisation permet d'appréhender globalement l'ampleur des mécanismes cognitivo-émotionnels et sociaux en jeu dans l'AM, et la complexité de ce trouble.

2.3 Apports de la conception systémique

L'approche systémique se distingue par l'importance donnée aux systèmes dont fait partie une personne (familial, professionnel, social). La personne n'est pas le seul élément analysé, puisque le sujet est influencé à la fois par ses intentions, celles des autres, et celles des possibilités du milieu et/ou du système. Ce modèle s'intéresse aux modalités de communication, à la congruence, au niveau de différenciation et d'engagement au sein du système, mais également aux règles de vie, aux processus de rétroactions, aux buts recherchés, aux mécanismes d'équilibre, à la flexibilité des rôles, et à leur degré d'adaptation à l'état actuel du système. L'individu transporte avec lui des valeurs, des émotions et des comportements véhiculés par la famille, ceci depuis plusieurs générations (cf. Poupard, Martin, 2012).

Cette approche relie les conduites anorexiques à un conflit du fonctionnement familial au moment de l'adolescence, période de remaniements psychiques mais aussi de réorganisation des relations familiales. La résurgence du processus de séparation viendrait menacer l'équilibre familial, et le jaillissement de la sexualité mettrait à mal les relations d'intimité avec les parents. Les études sur les interactions familiales des anorexiques (Selvini, Minuchin) ont mis en lumière des caractéristiques communes :

– une confusion psychique quant aux limites entre individus et entre générations ;

– des mécanismes de renforcement de la dépendance à l'autre, tout désir d'autonomie véhiculant des fantasmes destructeurs compromettant l'unité familiale ;

– des attitudes d'évitement, voire de déni, des conflits, ces derniers pouvant même être voilés par des disputes pour éviter d'aborder les véritables sources conflictuelles ;

– la rigidité du fonctionnement familial, traduisant une résistance au changement, voire une négation de la temporalité (l'adolescent est perçu et considéré comme un très jeune enfant) ;

– des attitudes de surprotection réciproques mais ambivalentes des uns pour les autres (parents-enfant et enfant-parents).

Les conduites anorexiques, paradoxalement, à la fois exercent une fonction homéostatique au sein du système familial, et tiennent lieu d'expression d'un désir d'émancipation. Fort de son opposition à se nourrir, l'anorexique légitime pourtant les attitudes surprotectrices et infantilisantes parentales, tout en se révoltant contre l'ordre établi, telle une révolution passive ou indirecte. L'anorexie revêt ainsi deux aspects contradictoires au sein de la famille, puisque le sujet vient dénoncer les dysfonctionnements et son désir d'individualité, tout en renforçant les conduites intrusives et surprotectrices dont il veut se défaire.

Dans l'anorexie, le contrôle du corps, de la vie psychique, au travers du rapport à la nourriture, exprime le symptôme d'un déséquilibre subjectif et/ou du système familial dans sa globalité. L'anorexie vient tenir lieu de symptôme en tant qu'agent organisateur, le système familial et l'adolescent ayant évolué ensemble autour de ce trouble qui, peu à peu, prend une place particulière dans le système. La vie de famille, les repas, s'organisent autour des conduites anorexiques qui, de fait, définissent des règles relationnelles implicites...

3. éléments de thérapeutique

Lorsqu'une aide extérieure est nécessaire, l'entourage et les professionnels alertés se confrontent souvent à un refus de soins. Cette opposition à tout traitement occasionne de réelles difficultés, puisque ce trouble doit être pris en charge le plus tôt possible : son installation renforce les conduites, et rend le pronostic plus négatif.

3.1 Principes thérapeutiques

Dans certaines configurations, l'hospitalisation est préconisée : malnutrition importante, déshydratation ou déséquilibre électrolytique, instabilité des signes vitaux, arrêt de la croissance et du développement, échec de soins en milieu ambulatoire, urgence médicale ou psychiatrique aiguë.

L'objectif principal est de permettre à la personne anorexique d'obtenir et de conserver un état de santé physique et psychologique satisfaisant. Mais l'intervention médicale avec séparation de la famille, hospitalisation pour reprise de poids, isolement, établissement de « contrats » (une permission – livre, télévision, sortie de la chambre – contre la reprise de poids) demeure pratiquée.

Mais la coupure avec le milieu familial est parfois bénéfique : elle permet à la jeune fille de nouer d'autres relations et d'avoir la sensation d'exister par elle-même. Il est souvent question de la séparer de ses parents pour un temps, pour introduire d'autres espaces, d'autres possibilités d'être sans ces autres. Ainsi, elle peut se réapproprier ses échecs et réussites sans que ces derniers soient en relation constante à un autre parent, un proche. Les parents peuvent également être pris en charge en psychothérapie, afin de comprendre les problèmes de leur fille, et éventuellement de reconstituer ou de stabiliser le couple.

Le traitement doit se faire préférablement en institution spécialisée afin d'effectuer une séparation d'avec la famille qui participe inconsciemment au « jeu de rôle pathologique ». Il est multidisciplinaire et consiste en :

– une prise en charge nutritionnelle qui permet de corriger la malnutrition en fixant des objectifs pondéraux réalistes et de réduire la restriction alimentaire ;

– un traitement des complications somatiques ;

– une prise en charge par une équipe qui interviendra après un retour au poids fixé par contrat et la réapparition des règles, et qui assurera un soutien psychologique pour lutter contre l'état dépressif et les angoisses de la reprise de poids. Une thérapie familiale peut aussi s'avérer utile pour éliminer, dans le système familial, la communication négative.

3.2 Les psychothérapies

Le soin psychique consiste en une des psychothérapies qui va permettre d'engager le dialogue avec l'adolescente. Les thérapies cognitivo-comportementales (TCC) sont les plus pratiquées. Mais il existe aussi des thérapies systémiques (centrées sur la famille ou sur la patiente), humanistes (relation d'aide portant sur les rapports aux autres, la constitution du Soi et les compétences à développer) et psychanalytiques (qui ne visent pas le symptôme lui-même, mais une interrogation sur le désir et, partant, sur le rapport entretenu avec l'anorexie).

a) Les thérapies cognitivo-comportementales

L'objectif du traitement est d'aider les patients à surmonter leur désir compulsif de ne pas manger. Quatre axes sont développés : 1) L'information sur les besoins énergétiques et sur les aliments. 2) La valorisation des matières grasses à un juste niveau. 3) Un travail sur le comportement à table. 4) Une mise en relation entre humeur et prise alimentaire (ou refus de prise alimentaire).

b) Les thérapies systémiques

Inspirées des thérapies familiales analytiques, les thérapies systémiques ont permis de considérer la famille dans la prise en charge de l'AM. Mara Selvini Palazzoli propose, depuis 1971, un modèle systémique composé de différentes méthodes :

– la connotation positive du comportement de chacun des membres de la famille, dont le but est de réassurer en étayant la tendance dominante familiale pour stimuler sa capacité de changement ;

– les rituels familiaux, qui consistent en une prescription d'une série d'actions que la famille devait mettre en œuvre afin de mobiliser de nouvelles façons d'agir ou de communiquer et de réinventer l'organisation familiale ;

– la règle d'intervalle mensuel entre les séances pour avoir un certain recul sur le travail entrepris ;

– la redéfinition/reformulation paradoxale du jeu familial en cours et sa prescription, démarche qui consiste à inciter chacun des membres de la famille à persévérer dans son comportement pour le bien de tous. Il s'agit de saisir le jeu familial et de le prescrire.

En 1979, Selvini et son équipe reconsidèrent ce modèle à la lumière de données cliniques montrant que nombre de jeunes filles se mêlaient, avec une certaine violence, des maux de leurs parents.

Elles prescrivent alors aux parents de procéder à des absences régulières sans donner d'explication mais simplement en prévenant leur enfant. Cette méthode donna de bons résultats. Bien que non applicable à toutes les situations, elle a permis de considérer l'implication de l'anorexique dans le couple parental et de lier sa souffrance à la façon dont elle se mêlait des problèmes familiaux. Le travail avec la famille et le patient est privilégié à la place d'une prescription invariable et systématique.

Ces recherches pionnières ont ouvert la voie à d'autres auteurs et notamment Solange Cook (2002), qui propose une « approche systémique intégrée » composée de consultations familiales consistant en la mise en place d'un dispositif thérapeutique souple se référant aux thérapies familiales classiques comme à des outils de soutien ou d'information. Ce modèle de prise en charge inclut un ou plusieurs intervenants (du psychiatre au diététicien) considérés comme des co-thérapeutes en articulation avec la famille. Il prend en compte le climat affectif familial, le mode de communication privilégié, mais aussi les croyances et représentations du trouble. Le thérapeute engage son travail vers un tissage de liens entre les émotions et les sensations corporelles, mais aussi les mots et les cognitions associés à ces états. Solange Cook définit son rôle comme « révélateur étayant » (p. 145).

Elle soutient que toutes les familles des anorexiques ne sont pas pathologiques, se sert d'outils d'évaluations (guides d'entretiens semi-directifs, EFGR) afin de proposer une évaluation fonctionnelle du trouble, et insiste sur la dimension systémique de l'équipe thérapeutique. Elle propose quatre niveaux d'intervention :

– la construction d'une alliance thérapeutique ;

– une guidance psycho-éducative ;

– un renforcement de la fonction exécutive parentale (les parents comme équipe éducative), et un repositionnement de chacun par rapport au trouble ;

– l'ouverture et la renégociation des besoins thérapeutiques.

Elle démontre qu'une intervention thérapeutique est nécessaire dans ce trouble chronique pour tenter d'aider les familles à traverser ces souffrances. Elle donne donc une importance particulière à l'éducation thérapeutique des patients et de leurs proches. Le travail familial prend appui sur une intégration de diverses théories et pratiques afin de construire une organisation singulière des soins.

c) Un exemple de thérapie brève

J. Lock a publié un manuel illustrant de façon pratique le déroulement d'une thérapie familiale pour anorexiques (Lock *et al.*, 2001). Il prend pour base la capacité des parents à aider leurs enfants à manger. Il considère l'anorexie comme une lutte dans laquelle la famille prend une part active à la mise en place de ressources nécessaires. La méthode vise à aider les proches en leur permettant de ne pas porter la responsabilité des troubles. À partir du moment où un poids normal est atteint, un travail sur l'autonomie est entrepris en collaboration avec la famille.

Au début du traitement, le thérapeute se centre sur l'anorexie, et demande aux parents de participer à la reprise de poids de la patiente. Puis, lorsque celle-ci est suffisamment autonome quant à sa reprise de poids, il propose un travail autour des problématiques familiales en se centrant sur la reprise d'autonomie de la patiente. La thérapie se déroule en différentes phases :

1. Réalimentation par les parents (séances 1 à 10, 3 à 5 mois, entretien hebdomadaire, 2e séance : repas familial)
   Buts principaux :
   - garder la famille centrée sur le trouble alimentaire ;
   - aider les parents à prendre en charge l'alimentation de leur fille ;
   - mobiliser les frères et sœurs pour soutenir la patiente.
2. Négociations autour du nouveau modèle de relations familiales (séances 11 à 16, entretiens toutes les 2 ou 3 semaines)
   Buts principaux :
   - maintenir le management parental autour des troubles jusqu'à ce que la patiente montre qu'elle est capable de manger normalement et de prendre du poids de façon indépendante ;
   - retourner au contrôle de l'alimentation et au point fait par l'adolescente elle-même ;

  - explorer le lien entre la problématique de l'adolescente et l'anorexie.
3. Problématique de l'adolescente et conclusion (séances 17 à 20, entretien mensuel)
   Buts principaux :
   - établir que parents et adolescente n'ont plus besoin des symptômes pour communiquer ;
   - revoir la problématique adolescente avec la famille, et voir comment résoudre ces problèmes ;
   - terminer le traitement.

Toutes les séances durent entre 50 et 60 minutes sauf celle du repas familial (90 minutes).

Cette méthode est inspirée des thérapies familiales systémiques, mais elle ne considère pas l'anorexie comme le symptôme du système familial ; il faut éviter la mise en cause des parents. Le but pour le thérapeute et pour la famille est de contrôler le poids de la patiente pour « sauver celle qui meurt de faim » (Lock *et al.*, 2001). On sépare la maladie de la personnalité de la patiente ; elle est pesée à chaque séance en présence de la famille avec laquelle le thérapeute parle d'une perte ou d'une reprise de poids afin d'identifier les facteurs favorisant ou défavorisant la reprise. Lors de la deuxième séance, le thérapeute propose un repas familial durant lequel il analyse les interactions afin d'aider les parents à faire manger leur enfant. Lors de la troisième phase, son objectif est de permettre que la communication familiale puisse se faire sans passer par le symptôme.

L'utilisation de cette méthode nécessite une alliance forte avec la famille et une conscience des troubles. Elle reste une prise en charge ambulatoire chez des adolescents.

d) La psychanalyse

La question psychanalytique est évidemment délicate, les praticiens étant sans doute plus à l'aise dans la construction de modèles que dans la cure. Nous, analystes, rencontrons ces sujets dans un contexte difficile : en service hospitalier, dans une consultation imposée par les parents, quelquefois lors d'une démarche de ceux-ci. Établir un espace analytique n'est pas chose aisée, et le dispositif ne peut se fixer comme objectif la rupture directe de la conduite anorexique. L'énigme, pour le sujet et l'analyste, est le désir inconscient. Dès lors que la patiente s'interroge sur ce qu'elle dit, sans le savoir, qu'elle considère qu'elle ne sait pas ce qui lui arrive, un travail analytique est possible avec, souvent, une limitation des conduites anorexiques.

Les thérapeutes se confrontent, dans la clinique de ces sujets, à une obstination démesurée à dompter leur corps. Kestemberg parle de « vertige de la domination » : ces quelques mots traduisent l'état du sujet qui jouit de cette maîtrise qui l'enivre et dont il est, aussi, prisonnier. De ce fait, il lui est particulièrement difficile de travailler sur le rapport à ses symptômes, à sa souffrance qu'il (dé)nie. Il est nécessaire de restituer sa place de sujet et non plus d'objet passif à l'anorexique. Mais la jouissance mortifère du sujet lorsqu'il est relégué au rang d'objet est difficile à abandonner

Il est pénible de reconnaître que les patientes anorexiques n'ont pas d'attente, de demande (pourtant, il y en a toujours une, même si elle est inaperçue), que ce soit pour un suivi psychothérapique ou un soin médical : « Si elles se montrent intéressées à comprendre, c'est plus dans une volonté de maîtrise intellectuelle que dans une perspective d'ouverture à un travail de prise de conscience » (Jeammet, 2005). La difficulté réside dans le positionnement thérapeutique car « les laisser trop libres, c'est les abandonner à leurs forces destructrices ; s'opposer à celles-ci, c'est risquer d'entrer dans un conflit de pouvoir persécutif » *(ibid.)*.

Pourtant, en se séparant de son besoin le plus primaire, l'anorexique peut exister comme sujet désirant, et plus on lui donne d'injonctions (« il faut que tu manges »), moins on parvient à la « soigner » (Lasègue). Dans le travail, il faut parvenir à créer un espace pour qu'elle puisse demander… mais il ne s'agit pas de n'importe quelle demande (« je veux sortir, je vous assure que je vais manger / ils sont tous méchants avec moi, je veux juste choisir, moi, je suis sûre que vous, vous me comprenez… ») ; il faut une demande qui puisse les impliquer en tant que sujet désirant, une demande qui maintienne la possibilité que quelque chose leur échappe, une demande qui serait demande d'amour.

Un long travail est nécessaire afin qu'elles puissent se réapproprier leur corps au travers de leur demande. Parvenir à demander en leur nom propre suppose que leur rapport à l'autre se déplace, se modifie ; le rapport à l'anorexie devient alors moins aliénant.

Le thérapeute, l'entourage, peuvent être pris d'un agacement provoqué par les échecs répétés de leur désir de réparation face à l'obstination de ces sujets. Pris dans une relation où il ne paraît pas y avoir d'issues possibles, la création et l'utilisation de médiateurs peuvent s'avérer opérantes. L'introduction d'une fonction tierce peut permettre à ces sujets de travailler sur leur relation aux autres. Brusset (1998) présente les stratégies thérapeutiques utilisées dans ses suivis, l'invention de médiations opérantes selon la subjectivité de son patient. Son objectif étant d'introduire une dimension tierce nécessaire à l'établissement d'une relation à l'autre moins dangereuse, il étudie comment l'amener à reconstruire une relation moins menaçante à l'objet primaire. Dans ce processus d'appropriation subjective, il évoque la nécessité d'un travail sur la reconnaissance de l'échec du travail du négatif (Green, 1993).

Parvenir à créer une prise en charge opérante nécessite que soient pris en compte tous les facteurs qui peuvent expliquer l'apparition du trouble et ses conséquences (dénutrition, anxiété, éléments dépressifs, isolement). Aussi une prise en charge pluridisciplinaire s'impose face à la gravité de ce trouble et à ses risques sur le pronostic vital.

4. Enjeux psychosociaux de l'anorexie

4.1 Sociologie et clinique (société de consommation et essor de l'individualisme)

Même si les conduites anorexiques paraissent avoir toujours existé, elles semblent connaître aujourd'hui une ampleur, ou du moins une plus grande médiatisation. À l'heure des nouvelles technologies, de la production et de la consommation de masse, les troubles du comportement alimentaire sont de plus en plus évoqués. L'anorexie vient alors s'inscrire de manière paradoxale dans nos sociétés de consommation. Face à l'hyperconsommation de l'ère économique capitaliste, les frustrations et privations que l'être humain rencontre semblent s'insérer dans une confusion entre besoin et désir, comme dans la psychopathologie de l'anorexie : la dialectique du désir semble se transposer ou se confondre avec celle du besoin.

Là où foisonnent les produits de consommation, certaines personnes ne semblent pouvoir exister que par un refus de toute consommation alimentaire. Les anorexiques renforcent en actes leur désir de « manger rien », par une conduite active de restriction alimentaire : loin d'être la perte passive d'un appétit, l'anorexie ressemble à une lutte active contre la faim de l'âme (Amigo, 2006). En voulant dompter leur désir, les anorexiques transposent cette maîtrise sur leurs besoins physiologiques, entraînant un jeu avec la mort.

La culture occidentale (dite de consommation) donne un alibi de choix à la rationalité du comportement anorexique. Les stéréotypes esthétiques de minceur, véhiculés par les médias, peuvent exercer une pression non négligeable sur les formes actuelles de ces pathologies. Ainsi, les discours rencontrés sur certains sites dits « pro-anorexiques » expriment cette aliénation et l'impact de la confusion entre besoin et désir, pathognomonique du malaise sociétal actuel. L'anorexie apparaît à la fois comme un *refus* de l'hyperconsommation (et de ce qu'elle représente), et comme une *adhésion* caricaturale aux modèles de la beauté féminine, véhiculés par la même société.

4.2. Phénomène « pro-ana » (anthropologie du corps et cyber-relation)

Un phénomène sociologique surprenant est apparu dans les sociétés occidentales : l'émergence de sites Internet où l'anorexie est prônée, tel un mode de vie. Ces sites, créés par et pour des personnes anorexiques, s'inscrivent dans la désignation d'une communauté « *pro-ana* » (pour « pro-anorexie »). « Bienvenue au pays des troubles alimentaires » : cette phrase d'accueil rencontrée sur un site pro-ana nous introduit dans les coulisses d'un théâtre virtuel mettant en scène des sujets procédant à une déification de l'anorexie.

Ce mouvement, apparu fin 2001 aux États-Unis, s'est manifesté par des regroupements, *via* Internet, de personnes souffrant d'anorexie. Mais l'objectif d'entraide se transforme rapidement en règles de vie drastiques. L'année 2003 marque un engouement : à cette date, au moins 400 sites existeraient selon certaines études. « *Ana* », diminutif d'« anorexie », vient régner en maître sur ces blogs, et va incarner une idole vénérée par cette communauté opposée à « *Mia* » (la boulimie). Elle sert d'emblème au passage d'un trouble des conduites alimentaires à un choix de vie. L'arrivée de ces regroupements en France remonte à 2005.

De tels mouvements *on-line* révèlent l'engagement de certaines personnes dans une quête identitaire sociale mais problématique en ce qu'elle recoupe celle des conduites addictives. Par l'inscription dans une communauté prônant ces troubles comme une revendication subjective, ces sujets entretiennent l'illusion d'une identité. Ils se dissolvent dans une relation de semblable, avec la sensation de s'y affirmer comme sujet.

Or, pour ces anorexiques, il s'agit d'une aliénation conforme à celle qu'elles entretiennent avec leur corps : l'autre, le semblable s'inscrirait, non pas dans une altérité, mais dans une similitude, à la fois rassurante et désubjectivante, à la manière des mouvements sectaires. S'agirait-il d'une « perversion de la dynamique libidinale », puisque la libido se détournerait de l'autre : le sujet se suffirait à lui-même et se nourrirait d'une collectivité autarcique vouée à son aliénation au corps. De la même manière que le sujet appartenant à un mouvement sectaire croit ne pouvoir s'en défaire sans se perdre lui-même, le sujet « pro-ana » ne saurait faire l'économie de ce regroupement, seul artefact de lien social et d'identité.

P. Leleu semble le mettre en avant, lorsqu'il énonce que le groupe réduit la pression sociale tout en déployant un système pervers : « Celui qui est entré dans le groupe se sent obligé de participer à la production du groupe car sinon, il risque d'être rejeté [...]. De plus, il ne peut pas faire état de sa peur, ou avoir une conduite trop timorée, car il serait alors une source de réactivation de la peur des autres, et il faudrait l'écarter, l'éliminer » (1999). Par un effet d'inter et d'auto-renforcement, ces sujets, en quête d'une autre forme de sociabilité, à l'écart de l'épreuve du corps et de l'autre, ne feraient que renforcer leur « identité pathologique ». Enfin, un sentiment jubilatoire suprême pourrait aussi nourrir ces regroupements, par le sentiment d'une créativité et du caractère inédit de leur communauté.

Pour D. Le Breton, une rupture avec le corps s'est amorcée dans les sociétés occidentales depuis le XVIIe siècle. Il avance que la position du corps « au titre d'objet parmi d'autres, sans dignité particulière, le recours banalisé dès cette époque à la métaphore mécanique pour en rendre compte, les disciplines, les prothèses correctrices qui se multiplient » sont des marqueurs qui laissent entrevoir « le soupçon qui pèse sur le corps et les volontés éparses de le corriger, de le modifier à défaut de le soumettre totalement au mécanisme » (1990). Nos sociétés seraient porteuses d'un fantasme implicite : « Celui d'abolir le corps, de l'effacer purement et simplement ; nostalgie d'une condition humaine qui ne devrait plus rien au corps, lieu de la chute » (*ibid.*).

Relation ambivalente de la science avec le corps : intervenir sur ses insuffisances, sa précarité, ses limites… Mais cela semble s'inscrire dans une lutte plus profonde, trouvant son origine dans une peur universelle, celle de la mort. En corrigeant ce corps, l'homme pourrait échapper à cette échéance, et ainsi se détacher de cette « insoutenable légèreté de l'être » (Kundera). L'abolition de notre propre finitude induirait alors la recherche d'une maîtrise temporelle, ce que nous pouvons postuler dans la psychopathologie de l'anorexie : un rapport au temps déformé, où le corps, objet de maîtrise, figurerait cette abolition spatio-temporelle. Le corps qui est donné à voir incarnerait le contrôle de la croissance du sujet, puisque au lieu du développement des formes féminines adultes, le sujet se borne à conserver un corps androgyne, souvent d'allure infantile.

Un contrôle radical du corps est ce que nous pouvons lire dans ces comportements. Derrière cet ascétisme, ces conduites viennent faire symptôme et témoigner d'un mal-être, d'autant que nous sommes depuis quelques décennies pris dans une dynamique sociétale propre à pousser les exigences de performances et de réussite, mais également inscrite dans un relâchement du côté des interdits. La poursuite de l'Idéal (renvoyant ici et à l'Idée et au modèle) vient signer l'engagement du sujet dans une quête sans fin, et finalement, pour les personnes souffrant d'anorexie, dans une quête sans « faim », dissimulant ainsi leur avidité affective.

S'il s'agit du corps au prime abord dans l'anorexie, un corps martyrisé, meurtri, décharné, nous sommes en lieu de nous demander quel rapport les personnes anorexiques entretiennent avec ce dernier. Car si le corps peut s'appréhender comme l'un des supports d'étayage social (avec les codes sociaux et les groupes d'appartenance de l'individu), l'anorexie correspond alors à une attaque d'un des vecteurs de socialisation. Dès lors, une mise en perspective se dessine : celle de la singularité du corps au regard de la singularité du sujet. À différents niveaux se rapportant aux dimensions du réel et de l'imaginaire, le corps des personnes anorexiques s'inscrit dans une relation de similitude, d'indifférenciation, puisque leurs idéaux esthétiques convergent en une maigreur exacerbée.

Aussi, l'émergence de sites Internet prônant l'anorexie peut paraître contradictoire dans un premier temps, puisqu'au niveau de la clinique, nous ne rencontrons pas vraiment une revendication de ces conduites, mais plutôt une longue période de déni. Un nouveau paradoxe propre à l'anorexie voit le jour : si les personnes souffrant d'anorexie sont le plus souvent dans une attitude de déni, certaines d'entre elles en viennent à revendiquer leurs conduites et à se regrouper dans une communauté virtuelle. L'apparition de ces sites, baptisés « proana » peut dès lors s'entendre à différents niveaux, sociologique, psychologique et anthropologique.

Les aspects anthropologique et sociologique concernent l'apparition de cette nouvelle forme de regroupement identitaire dans les sociétés dites occidentales. En d'autres termes, puisque c'est justement dans les sociétés de surabondance de consommables que va s'organiser ce phénomène, il faut s'interroger sur le lien qu'entretiennent anorexie, sociétés modernes et loi sociale occidentale, cette dernière connaissant un assouplissement de ses interdits.

Par ailleurs, au niveau psychologique, l'aménagement de cette forme particulière d'échange et de regroupement pour cette population induit beaucoup de questions. À l'heure de l'essor d'Internet et des relations virtuelles (cyber-relations), ce groupe psychopathologique établit un mode d'échange paradoxal, marqué par l'absence du corps, du visage, de la présence de l'autre. En utilisant les échanges virtuels, c'est-à-dire sans face-à-face, ne s'adressant à personne en particulier, les anorexiques pourraient ici se débarrasser du poids de leur corps, et finalement, revêtir de multiples masques identitaires à la lueur de leurs symptômes. Le Breton le souligne lorsqu'il indique à propos de la cybersexualité que le corps devient une donnée facultative.

Dans ces relations, le sujet a une prise matérielle sur l'échange à l'autre par l'interface qu'est l'ordinateur, mettant à distance le caractère relationnel, affectif. L'absence physique de l'autre rend possible le partage de confidences. La certitude que les propos n'engagent pas l'avenir, qu'ils nourrissent une relation forte mais provisoire, libère des tensions inhérentes au face-à-face. Par le cyberespace, le sujet se prend à un jeu de faux-semblants qui lui donne le même contrôle qu'il inflige à son corps, une emprise matérielle.

La question de l'identité sexuelle, de la singularité du sujet vient s'inscrire dans ce lieu d'échange marqué par l'absence du corps de l'autre, et par le délestage du sien propre.

Ce mode d'échange permettrait au sujet anorexique de s'affranchir de son corps, de son identité, de tout ce qui le constitue comme sujet singulier : « Nulle crainte de ne plus pouvoir se regarder en face ou de devoir rendre compte de ses actes puisque l'Autre est également immatériel. L'interlocuteur invisible est sans possibilité de regard, au-delà de toute morale, et donc sans pouvoir de jugement. La présence mutuelle n'est jamais qu'un faisceau d'informations dénuées de toute chair. [...] L'érotisme change de dimension et occulte radicalement dans ces pratiques l'épreuve symbolique de la mort qui le constitue secrètement. Il n'est plus le risque de la mise à nu mais de la panne d'électricité. La fragilité du corps de l'Autre et du sien propre n'existe plus puisqu'il n'y a plus de corps à revêtir de nudité » (Le Breton, 2006). Internet devient l'interface de tous les possibles, repoussant les limites du corps et des interdits.

Et, en ce sens, le rapport à son image, repère de son identité, s'inaugurant par le stade du miroir décrit par Lacan, semble aujourd'hui se transposer dans des identités multiples, par le carnaval virtuel d'Internet. Tisseron l'indique, lorsqu'il parle de « stade des écrans » (2008). En s'inscrivant dans une sélection des informations relatives à soi, donc des signifiants se rapportant à son histoire, le sujet anorexique d'Internet se confronte à ce qu'il veut bien dire de lui, mais également à un travail d'auto-confrontation.

2

La Boulimie

Étymologiquement, le mot « boulimie » vient du grec *bous* = bœuf, et de *limos* = faim, soit mot à mot « faim de bœuf ». Le terme apparaît à la fin du XVIe siècle, dérivé du mot « bolisme » apparu au XIVe siècle, désignant une faim insatiable. La boulimie touche davantage la jeune femme, et débute souvent au cours de l'adolescence (entre 11 et 20 ans). Elle concerne environ 3 % des adolescentes et, d'après le DSM-IV, elle concernerait dix fois plus les femmes que les hommes. Cependant, ces chiffres peuvent être sous-estimés du fait de la difficulté à détecter la « boulimie avec purge » (vomissements, lavements…).

1. Présentation de la boulimie

1.1 Histoire du trouble

Le trouble serait connu depuis l'Antiquité sous l'appellation « cynorexie », mais sa présence dans les documents médicaux remonte au début du XVIIIe siècle (Blankaart, 1708 ; R. James, 1743 ; G. Motherby, 1785). Les descriptions classiques datent de la fin du XIXe siècle. Blachez (1869), Lasègue (1873), Janet (1903) en France, Gull en Angleterre (1877), Soltmann en Allemagne (1894) qui parle d'« hyperorexia », mentionnent ce comportement, souvent en relation avec l'anorexie, et le situent dans le contexte des névroses. En 1932, Moshe Wulff écrit le premier texte psychanalytique sur la boulimie qu'il intitule « Sur un intéressant complexe symptomatique oral et sa relation à l'addiction ». Ce texte présente des cas de boulimie, des hypothèses psychopathologiques originales, certaines proches de ce qui est actuellement développé, et insiste sur la dimension « addictive », terme dont l'usage était peu fréquent alors. Rado (1926) avait évoqué « l'orgasme alimentaire » et Fenichel, en 1945, la range dans les « toxicomanies sans drogue ». Mais le grand développement des intérêts psychiatrique, psychopathologique et psychanalytique débute dans les années 1970. Même ancienne, la boulimie fait donc partie des « nouvelles pathologies » étroitement liées à l'évolution de la société : hyperconsommation, fétichisation du corps, défaillance du symbolique, isolement paradoxal dans une société de communication de masse...

1.2 Sémiologie et clinique de la boulimie

Les « maîtres mots » définissant la boulimie sont : crise, ingestion compulsive (il y a lutte) de nourriture, solitude, vomissements provoqués, remords, honte et perturbation de l'image du corps.

a) Un trouble fait de crises et de séquences

La forme clinique la plus caractéristique est la forme compulsive dite « normopondérale » (sans prise de poids) évoluant par accès avec des vomissements provoqués. L'accès boulimique se déroule suivant un scénario stéréotypé. Son déclenchement brutal, son caractère impérieux, son déroulement d'un seul tenant jusqu'au malaise physique ou au vomissement, lui confèrent un caractère de crise. La crise boulimique est un épisode de surconsommation alimentaire incontrôlable au cours duquel une grande quantité de nourriture, souvent hypercalorique, est ingérée à la hâte, en cachette, sans pouvoir se limiter. Tous les degrés sont possibles dans l'absence de contrôle, la quantité avalée, la vitesse d'ingestion, mais la crise reste toujours un événement massif, excessif, explosif et violent. Les accès sont répétés, ils surviennent à intervalles plus ou moins rapprochés ; ils peuvent être quotidiens, voire pluriquotidiens, se succédant parfois sans discontinuité. Leur durée peut être de plusieurs heures.

La crise boulimique a lieu souvent en fin de journée après le travail ou les cours, au retour chez soi, quand il devient possible de s'isoler et d'être sans témoins. Les patientes rapportent ne pas pouvoir s'arrêter de manger quand elles ont commencé ou consommé un certain aliment, comme si se propageait un phénomène d'« emballement ».

Les crises boulimiques se déroulent habituellement à la maison, à « l'intérieur », lieu à l'écart du regard des autres, où l'on peut se cacher, avec un risque moindre d'être dérangé, et où les provisions sont disponibles. Quand les troubles évoluent depuis longtemps, la recherche de solitude et la dissimulation peuvent toutefois disparaître.

La fréquence des accès est très variable, de un à deux par semaine, à plus de quinze par jour au cours de véritables « états de mal boulimique ». Cette pratique peut être régulière, ou survenir par périodes de plusieurs mois ou semaines avec des intervalles libres de durée variable.

b) Clinique de la « séquence boulimique »

L. Igoin (1979) dans son livre (*La Boulimie et son infortune*), qui a marqué un renouveau dans l'étude psychanalytique de la boulimie, dépeint la crise en plusieurs temps.

1. *L'excitation* préalable, décrite par les patientes tantôt comme une vague impression de faim, tantôt comme de l'angoisse, de l'irritabilité, un malaise : « Ça me prend là. »

2. *Le choix* de la nourriture, qui comporte une opposition entre ce que l'on devrait manger et ce que l'on mange, pour la quantité comme pour la qualité :

– les plus riches en calories et les plus pauvres en protéines, ce que l'on retrouve dans le discours des patientes sous la forme « du sucre », « tout ce qu'il ne faut pas » ou même « tout ce qui est interdit », faisant référence à un régime qui, la plupart du temps, n'a d'ailleurs pas été prescrit ;

– les premiers aliments qui tombent sous la main (soit le contraire d'aliments choisis), les plus faciles à manger et dans les délais les plus courts (c'est-à-dire en opposition avec les règles de préparation culinaire, des aliments froids).

3. *La solitude* est une constante : il n'y a personne à la maison familiale, ou bien la patiente est seule dans une chambre ou encore dans

la rue dans une foule anonyme ; l'acte n'a que des témoins rétrospectifs par les traces laissées dans la cuisine.

4. *La hâte*, qui fait manger voracement, à s'en étouffer, en avalant sans mâcher, sans même se rendre compte de ce que l'on mange, et que rien ne peut arrêter sinon le fait qu'il ne reste plus rien ou que l'on n'en peut plus.

5. « L'orgie alimentaire » terminée, certaines patientes retournent à leurs occupations, bien que déprimées ; d'autres se couchent et dorment, se regardent « bouffies », « boudinées » dans le miroir, et pleurent ; d'autres encore vomissent. L'usage de différents médicaments laxatifs, diurétiques, anorexigènes, peut donner lieu à des abus et à de graves complications somatiques.

La fin de l'accès peut être suivie d'un état de modification des perceptions, une torpeur à la limite d'un vécu de dépersonnalisation (sentiment de perte d'identité) qui s'accompagne de douleurs physiques violentes, principalement abdominales. L'accès a pour conséquences subjectives un sentiment de malaise, de dégoût de soi, de honte, accompagné de remords, d'auto-reproches, de culpabilité, de sentiment d'être grosse, difforme, « vilaine », « monstrueuse ». Malgré cette souffrance, malgré la reconnaissance du caractère pathologique du trouble, la crainte d'être incapable de le contrôler, le malaise est annulé par un phénomène d'oubli (fuite dans le sommeil) ou encore par les vomissements provoqués. Ceux-ci revêtent plusieurs significations : soulager, réveiller, donner le sentiment de retrouver la maîtrise de ses actes, se punir. Cette annulation et cette amnésie facilitent la répétition du comportement boulimique.

> *Madame O., 28 ans,* vient consulter un psychologue sur les conseils de sa diététicienne, à laquelle elle confie vouloir maigrir, parfois en se faisant vomir. Elle parle de crises où elle « mange comme une truie, c'est dégueulasse, je me dégoûte... Le problème, c'est que je ne peux pas m'en empêcher, je sais que ça va arriver, parfois même je vais acheter plein de choses pour ça... Ça m'arrive souvent en rentrant du travail, quand je suis seule. J'essaie de résister, mais il y a un moment où je sais que je ne peux plus résister, je ne peux plus rien faire d'autre, je ne pense plus, alors je bouffe tout ce que je peux avaler, je me remplis encore et encore tant que c'est possible, surtout ce qui est gras, sucré,

> lourd et qui peut être facilement rejeté, parce qu'après, je ne peux pas garder tout ça, c'est pas possible, ça me dégoûte, ça me fait trop mal au ventre, alors je me fais vomir… Après je me sens soulagée, mais j'ai honte de moi. »

c) Vomir ?

L'apparition de vomissements provoqués après les crises est un signe de gravité des troubles, et peut entraîner diverses complications. Les vomissements sont souvent dissimulés. Ils peuvent apparaître au cours de la crise (permettant de continuer à manger) ou après un court moment avant que les aliments progressent dans le tube digestif.

> « Je me fais vomir une fois que je ne peux plus rien avaler. Je me pèse avant d'aller aux toilettes, et ensuite. Si le poids ne me plaît pas, j'essaie de recommencer à vomir. Certains jours, je fais ça plusieurs fois. Un jour, j'ai réussi à m'empiffrer et à me faire vomir cinq fois de suite ! »

Certaines boulimiques « vomisseuses » ont recours à des conduites automatiques comme le *mérycisme* (mâchonnement interminable des aliments avant de les recracher). Ces pratiques évoquent les comportements archaïques du petit enfant. Comme le vomissement, elles permettent d'éviter l'absorption des aliments et la prise de poids. Le vomissement participe d'un illusoire contrôle, laissant l'impression d'une toute-puissance, d'une capacité à ne rien garder à l'intérieur du corps ; il peut ainsi contribuer à calmer l'angoisse et à rehausser paradoxalement l'estime de soi par l'illusion d'une maîtrise de ses actes. Néanmoins, un certain nombre de boulimiques (un peu plus de la moitié) ne se font jamais vomir, et repoussent avec force et dégoût l'idée même du vomissement.

d) L'illusion corporelle

Comme dans l'anorexie mentale, l'image du corps propre (au sens de la représentation consciente du corps) est l'objet de préoccupations exagérées, souvent obsédantes. La perception est faussée, soumise à des croyances infondées, mais il n'y a pas de distorsion massive de la perception de la réalité du corps. Le poids est souvent un peu au-dessous des normes, mais les patientes vivent leur apparence corporelle comme si elles étaient obèses, déformées. Si la boulimie conduit rarement à l'obésité dans la mesure où, comme dans l'anorexie, il règne une surveillance constante de la prise de poids et des mesures régulières de restriction alimentaire, des conduites boulimiques se retrouvent cependant chez des obèses ou des patientes avec une surcharge pondérale.

Les propos tenus sur l'allure corporelle ont à la fois un aspect excessif et inadapté. Cette « méconnaissance » de l'image du corps, cette « hypocondrie de l'apparence », cette « tyrannie de la minceur » sont comparables à celles des anorexiques : boulimiques et anorexiques se perçoivent comme plus grosses qu'elles ne le sont, et soumettent leur corps à des jugements durs et infondés… mais aussi à des actes dangereux et contraignants. Les jugements des boulimiques sur leur allure corporelle semblent à la fois le reflet de leurs perceptions internes (effets du gavage sur les sensations corporelles) et du jugement que la partie la plus critique d'elle-même porte sur leurs attitudes et leurs « qualités morales ». La monstruosité, l'épaisseur, la difformité semblent plus des jugements moraux qu'une perception objective d'elle-même. Cette négation de soi a permis à Igoin d'établir une comparaison entre discours boulimique et discours mélancolique.

e) Se remplir, se vider

Certaines boulimiques distinguent le gavage impulsif et « la véritable crise boulimique » qui consiste à se vider (vomissement, purge anale ou diurétique…). Elles précisent qu'elles ne se remplissent que pour se vider : « Je me sens sale avant de manger, je ne mange que pour pouvoir m'épurer de cette saleté. » Ce deuxième temps peut correspondre, au-delà de la recherche de sensations, à la quête d'une douleur physique (comme l'acte de se manger les joues, les pressions abdominales). Ces manifestations cliniques peuvent être retrouvées dans les formes évoluées où, progressivement, les crises alimentaires cessent, mais où perdure le vomissement, ainsi que dans les formes anorexiques régressives.

1.3 Critères des classifications syndromiques

Les classifications syndromiques (DSM et CIM) visent la description de troubles à la suite d'un accord entre les psychiatres : elles les décrivent à partir de signes objectifs dont la fréquence d'association est reconnue. Les classifications psychopathologiques portent sur les organisations psychopathologiques ou des structures, (Pedinielli, Bertagne, 2010) et se fondent sur leur étiologie et leurs mécanismes (exemples : névrose, psychose, perversion dans la logique freudienne).

a) Le DSM

- Le DSM-IV définit la boulimie (*bulimia nervosa*) selon cinq critères :
  1. survenue récurrente de crises, répondant à deux caractéristiques : a) l'absorption se déroule en une période de temps limitée (moins de deux heures), avec une quantité de nourriture largement supérieure à ce que la plupart des gens absorberaient en une période de temps similaire et dans les mêmes circonstances ; b) il existe un sentiment de perte de contrôle sur le comportement alimentaire (ne pas pouvoir s'arrêter de manger, ou ne pas pouvoir contrôler ce que l'on mange ou la quantité).
  2. Comportements compensatoires inappropriés et récurrents visant à prévenir la prise de poids, tels que : vomissements provoqués, emploi abusif de laxatifs, diurétiques, lavements ou autres médicaments, jeûne, exercice physique excessif.
  3. Les crises de boulimie et les comportements compensatoires inappropriés surviennent tous deux, en moyenne au moins deux fois par semaine pendant trois mois.
  4. L'estime de soi est influencée de manière excessive par le poids et la forme corporelle.
  5. Le trouble ne survient pas exclusivement pendant des épisodes d'anorexie mentale.

Sont spécifiés deux types : a) avec vomissements ou prise de purgatifs (« *purging type* ») ou b) sans vomissements ni prise de purgatifs (« *nonpurging type* »). Pour le DSM, la boulimie peut être accompagnée de symptômes dépressifs, anxieux ; la dépendance à une substance existe dans 30 % des cas. Il faut distinguer la boulimie de troubles s'observant dans des tableaux neurologiques (exemple : syndrome de Kleine-Levin) ou dans certaines formes de dépressions majeures avec caractéristiques atypiques.

Cas de boulimie du type « avec vomissements ou prise de purgatifs » avec antécédents d'anorexie mentale (DSM-IV cas clinique, p. 218-219)

« Durant sa première année d'internat, le poids de Mlle T. passa de 58 à 45 kilos, et ses règles, qui avaient été régulières depuis l'âge de 15 ans, s'interrompirent. Quand elle retourna à la maison pour les vacances d'été, ses parents furent très préoccupés par son amaigrissement manifeste [...]. Ses habitudes alimentaires se modifièrent cependant cet été-là. Mlle T. essaya de poursuivre le régime qu'elle avait commencé à l'internat, mais elle eut besoin de lutter pour maîtriser son appétit et elle en vint à plusieurs reprises à dévorer une boîte de gâteaux ou un demi-litre de glace le soir, quand le reste de la famille était déjà au lit. Après son retour à l'école, Mlle T. continua à manger excessivement par intermittences, et finit par prendre l'habitude de suivre un régime pendant la semaine et de manger excessivement le week-end. Elle continua à faire des compétitions de patinage, mais ne parvint plus à poursuivre le rigoureux programme d'exercice physique qu'elle avait commencé pendant sa première année d'internat. Elle reprit progressivement du poids pendant le reste de ses années de lycée pour atteindre 57 kilos, et ses règles réapparurent après neuf mois d'aménorrhée.

Son poids continua à augmenter et atteignit un pic de 68 kilos à l'automne de sa première année d'université. Lors des vacances de Noël passées chez ses parents, elle ne pouvait s'empêcher de dévorer les gâteaux de Noël et les amuse-gueules de la maison. Très perturbée à l'idée de prendre encore du poids, elle décida de se faire vomir quand elle mangeait trop. Ce fut ce qu'elle fit, et elle prit ainsi l'habitude de manger excessivement puis de se faire vomir plusieurs fois par semaine. Cela fait maintenant dix ans qu'elle agit de la sorte. Les soirs où la personne qui partage son appartement doit être absente, Mlle T. achète typiquement un demi-kilo de glace et une boîte de gâteaux avec

> des pépites de chocolat en sortant du travail. Une fois chez elle, elle engloutit en une heure devant la télévision les gâteaux, la glace et tous les desserts qui peuvent traîner au Frigidaire. Elle se fait ensuite vomir. Mlle T. a honte de cette "habitude dégoûtante", et a décidé à plusieurs reprises d'y mettre fin. Elle est cependant incapable de s'arrêter plus de deux semaines d'affilée. Lorsqu'elle ne mange pas excessivement, Mlle T. essaye de suivre des régimes stricts pour maigrir. Elle continue à éviter la viande rouge et les desserts, et son poids reste stabilisé à 66 kilos environ. Elle se trouve "monstrueuse". »

b) La CIM

La Classification internationale des maladies (CIM 10) propose sensiblement les mêmes critères en distinguant la boulimie et la boulimie atypique. L'obésité n'est pas considérée comme un trouble des conduites alimentaires.

• Boulimie (*bulimia nervosa*)

Syndrome caractérisé par des accès répétés d'hyperphagie et une préoccupation excessive du contrôle du poids corporel, conduisant à une alternance d'hyperphagie et de vomissements ou d'utilisation de laxatifs. Ce trouble comporte de nombreuses caractéristiques de l'anorexie mentale, par exemple une préoccupation excessive par les formes corporelles et le poids. Les vomissements répétés peuvent provoquer des perturbations électrolytiques et des complications somatiques. Dans les antécédents, on retrouve souvent, mais pas toujours, un épisode d'anorexie mentale, survenu de quelques mois à plusieurs années plus tôt.

• Boulimie atypique

Troubles qui comportent certaines caractéristiques de la boulimie, mais dont le tableau clinique global ne justifie pas ce diagnostic. Exemple : accès hyperphagiques récurrents et utilisation excessive de laxatifs sans changement significatif de poids, ou sans préoccupation excessive des formes ou du poids corporel.

La boulimie se distingue de :

– l'hyperphagie associée à d'autres perturbations psychologiques ;

– l'hyperphagie due à des événements stressants, tels que deuil, accident, accouchement, etc. ;

– l'hyperphagie psychogène ;

– des vomissements associés à d'autres perturbations psychologiques. Vomissements répétés survenant au cours d'un trouble dissociatif et d'une hypocondrie, et qui ne sont pas exclusivement imputables à une des affections classées en dehors de ce chapitre.

c) Troubles associés

La boulimie est souvent associée à des troubles de l'humeur (dysthymie, dépression majeure), à des troubles anxieux, ou à un abus ou une dépendance à des substances.

On a aussi montré que de nombreuses boulimiques (surtout avec des comportements de vomissement) ont subi des violences sexuelles dans leur enfance ou avant 14 ans. Plusieurs études américaines indiquent que l'on retrouve en moyenne une histoire d'agression sexuelle dans l'enfance dans plus de la moitié des cas présentant des troubles du comportement alimentaire, dans 26 % des cas contribue au maintien du trouble boulimique. La clinique concrète illustre le même point de vue.

2. Approches psychopathologiques

Le terme « psychopathologie » désigne ici les constructions théoriques psychologiques rendant compte de l'expérience des patientes, de l'origine (psychogenèse), des mécanismes psychologiques de la boulimie, voire du type d'organisation de la personnalité retrouvé chez les boulimiques.

2.1 Approche psychanalytique de la boulimie

a) Freud, Klein et la discrète boulimie

Pour la psychanalyse, l'œuvre de Freud existe en tant que telle, mais aussi à travers ce que ses successeurs ont développé de manière originale. Même si les typologies sont contestables, on distingue, à partir de Freud, les conceptions kleiniennes (Melanie Klein), l'ego-psychologie (Anna Freud, Spitz, Kriss…), les conceptions lacaniennes (Jacques Lacan). Entre ces grandes doctrines (paradigmes théoriques) apparaissent des conceptions originales s'appuyant sur un des paradigmes puis s'en démarquant : Winnicott, Aulagnier, Nasio. Ces auteurs n'ont pas tous, loin s'en faut, évoqué la boulimie, mais ils ont, comme Freud, permis à des auteurs confrontés à cette question dans la clinique de produire, à partir des grands paradigmes, leurs théories originales : Jeammet, Igoin, McDougall…

• *Freud*

Le silence de Freud sur la boulimie, peu évoquée à son époque, est compensé par ses réflexions sur des aspects du psychisme qui servent à penser ce trouble : la composante orale, la fonction anesthésiante, les rapports entre besoin et désir (« expérience primaire de satisfaction »). À partir de ses écrits, plusieurs modèles théoriques ont été édifiés.

Dans ses lettres à Fliess (reprises dans *La Naissance de la psychanalyse*) et ses premiers textes, il évoque des cas avec « accès de fringale » (boulimie ?) et dipsomanie (alcool). Il en fait alors un substitut de la masturbation, une compulsion substitutive de la pulsion sexuelle refoulée. En 1926, il mentionne la boulimie en la définissant ainsi : « La perturbation la plus fréquente de la fonction alimentaire est l'inappétence par retrait de la libido. Les cas d'intensification de l'appétit ne sont pas rares non plus ; une compulsion à manger est motivée par l'angoisse d'inanition. » La boulimie serait donc une réaction à l'angoisse, c'est-à-dire à un danger pour le Moi, l'inanition pouvant désigner le risque de mort, tout autant que la frustration orale ou la privation de l'objet de la pulsion orale. Par ailleurs, elle évoque les éclairages latéraux sur la question de la boulimie, représentés par les références que Freud fait à la compulsion à boire (dipsomanie) et aux addictions (le terme de Freud est « *Ursucht* » : recherche, appétence, originaire). Le rôle de protection, et la fonction anesthésiante, retrouvés dans la boulimie, sont soulignés à propos de ces abus et dépendances.

• *Melanie Klein (1882-1960)*

Les travaux de Melanie Klein s'appliquent surtout à l'anorexie, mais Couvreur (1991), comme d'autres auteurs, les étend à la compréhension de la boulimie en la situant à l'articulation des deux phases précoces du développement mental, la phase schizo-paranoïde (l'objet n'est pas constitué comme totalité, c'est le sein, bon ou mauvais) et la phase dépressive (l'objet est constitué en totalité et peut être perdu, c'est la mère bonne ou mauvaise). La boulimie est référée à un échec de l'intégration de la position dépressive, à l'existence d'angoisses paranoïdes, à la prévalence du recours aux défenses maniaques, au clivage, à l'identification projective. La boulimie serait une des formes de « réparation maniaque » pour éviter la dépression, vouée à l'échec, après des expériences de frustration ou d'abandon, et qui transforme l'objet interne (la nourriture) en persécuteur. Même si M. Klein n'a pas produit une théorie de la boulimie, certaines de ses intuitions se retrouvent, travaillées différemment, chez McDougall, Gutton, Jeammet.

Certains auteurs, héritiers directs de la lignée kleinienne, ont contribué à une interprétation de la boulimie.

• L. Grinberg (1956) évoque la fonction de négation implicite à la perte d'objet dans le présent ou dans l'avenir par le moyen de l'acte répétitif et continu d'incorporation de l'aliment qui le représente. L'illusion maniaque est une façon de combler le vide psychique par l'ingestion représentant le bon objet idéalisé qui est rassurant contre la menace des angoisses liées à la crainte de l'objet paternel ou maternel détruit dans le sadisme oral.

• P. Heimann (1980) intègre la question de l'ingestion d'aliments dans l'opposition des bons et mauvais objets en la faisant dépendre de l'existence d'une angoisse de destruction de l'objet intériorisé. Le plaisir oral continu, lié à l'absorption croissante d'objets extérieurs, considérés comme des « objets bons », serait un moyen de prouver que les sources extérieures de « bons » objets n'ont pas été détruites de manière irrémédiable. Manger, c'est à la fois se rassurer et tenter de reconstituer de bons objets internes.

• F. Tustin (1989), spécialiste de l'autisme, considère les alternances entre anorexie et boulimie comme des formes de lutte contre la dépression primaire, lutte rappelant celle des enfants autistes.

• D.W. Winnicott a peu parlé de la boulimie. Il évoque à de rares reprises la gloutonnerie, qu'il met en rapport avec le « complexe de sevrage affectif », c'est-à-dire par la privation provenant de la mère (ce qui était bon a été retiré). Il avance que la gloutonnerie appartient aux tentatives compulsives faites pour se guérir d'une mère qui a causé la privation.

Dans une autre logique, Fenichel (1945) souligne que, dans la boulimie, aucun déplacement n'a transformé l'objet originel de lutte pour l'obtention simultanée de la sexualité et de l'estime de soi (nourriture). La sexualité ne peut se donner son propre objet, tandis que la nourriture invoquée sans égard à la faim perd son pouvoir de nourrir.

Les premiers psychanalystes ont donc été peu productifs sur la boulimie, terme, entité et clinique, rappelons-le, assez récents. La plupart des mentions ont peu de portée explicative et semblent assez convenues, plus proches de l'analogie que de l'étude et de la démonstration. Mais les conceptualisations générales de ces auteurs ont servi d'inspiration à leurs successeurs : les relations besoin-désir, la pulsion, les défenses contre l'angoisse, le jeu de l'oralité, l'objet transitionnel... seront repris à des titres divers par les auteurs plus modernes et plus familiers avec la clinique de la boulimie.

b) Les modernes

Les trente dernières années ont vu se développer des constructions psychopathologiques originales, souvent associées à une réflexion sur l'anorexie. Même si les auteurs appartiennent à des écoles différentes et édifient des modèles spécifiques, des éléments communs se retrouvent : l'absence d'une structure spécifique, les relations avec les addictions, la réduction du désir au besoin, les relations fréquentes avec les agressions sexuelles de l'enfance. Et ces principes sont proches de ceux évoqués pour l'anorexie.

• *Laurence Igoin : la boulimie comme « catastrophe »*

« Il n'est pas besoin d'invoquer un trouble préalable de l'image du corps ni d'éventuelles conséquences somatiques pour rendre compte de l'angoisse de la perte des limites dans la boulimie ; la "catastrophe" est dans la boulimie elle-même en tant qu'événement oral » (1979, p. 133).

Ses travaux, fondés sur des discours de patientes boulimiques, s'appuient sur la question de l'oralité en établissant une confrontation entre la boulimie, véritable catastrophe orale, et quatre autres situations cliniques :

– l'hypocondrie et son avalement catastrophique du monde (référence implicite à Schreber et au syndrome de Cotard) ;

– l'hystérie et son déploiement privilégié dans les substitutions orales (cf. le cas Dora) ;

– la perversion et ses débats entre les mots et les choses ;

– la mélancolie et son cannibalisme endeuillé.

Cette méthode originale d'étude concrète des discours boulimiques et leur confrontation à des modèles déjà établis pour faire apparaître la particularité psychopathologique de la boulimie permettent à Igoin de s'interroger sur l'échec de l'introjection et la réduction de l'incorporation à une chose, exprimée par un comportement. Elle y voit la faille d'une organisation où il n'y a pas de place pour la transformation (remplacement, substitution symbolique), où le manque ne peut que s'annuler selon l'alternative radicale du tout ou rien, et où l'incorporation a pour fonction d'opérer le renversement brutal. Son argumentation repose sur plusieurs propositions concernant l'acte, l'étayage, la démétaphorisation, l'absence de capacité de transformation.

1- L'acte, apparemment alimentaire, est reconnu par les boulimiques comme allant à l'encontre de la nutrition. La question n'est donc pas celle du besoin, mais du *désir*, conçu à partir de l'expérience primaire de satisfaction (Freud, 1900), comme un réinvestissement de souvenirs. La boulimique, qui ne désire pas la nourriture mais le désir pour des raisons liées au conflit, est contrainte d'emprunter cette voie.

2- La boulimie procède d'une particularité de *l'étayage* qu'elle conçoit, selon Freud, comme le mouvement d'appui de la sexualité sur une fonction vitale (cf. Freud, 1905, l'exemple du suçotement) : au début, chez le nouveau-né, la sexualité s'étaie sur une fonction vitale comme la faim ; la satisfaction de la faim (par la mère) introduit à la question du plaisir et à la recherche de cet objet perdu. L'enfant passe de l'objet de besoin (« objet d'autoconservation ») à l'objet de la sexualité. Dans la boulimie, il semble que le passage de l'objet d'auto-conservation (objet de besoin) à l'objet sexuel ne se fasse pas : objet de la faim, du besoin, et objet de la sexualité ne font qu'un. « D'où ce paradoxe d'un acte qui s'adresse apparemment alimentaire, et qui pourtant ne consiste pas à se nourrir, mais à manger "tout, n'importe quoi" – d'un acte qui s'adresse apparemment aux objets des premières amours et ne donne pourtant pas de signe de retrouvailles » (Igoin, p. 134).

3- Chez l'enfant, se joue un passage entre quatre processus : celui de *l'ingestion* (réelle), celui du fantasme *d'incorporation* (opération psychique imaginaire permettant de s'assimiler les propriétés d'un objet investi, par exemple la mère), *l'introjection* (opération psychique symbolique permettant d'assurer la permanence de l'objet en soi – opération métaphorique) et *l'identification* (au sens de constitution de l'identité). La boulimie répète, dans la réalité (et non dans le fantasme), une ingestion venant à la place du fantasme d'incorporation et de l'accès à l'introjection par une sorte de *démétaphorisation*, l'objet nourriture réel étant consommé là où l'objet sexuel (la mère et ses substituts) n'est pas élaboré. « La boulimie prend valeur d'œuvre d'incorporation, elle serait jouée littéralement dans une absence de mots, la chose mangée étant aussi nécessairement innommable » (p. 135). Il n'y a pas, chez les boulimiques, de possibilité de transformation (au sens de remplacement, de substitution, de représentation, de métaphore...) qui permettrait de se dégager du réel pour accéder à la dimension subjective (se constituer en sujet désirant).

4- Le discours semble *impuissant* sur la boulimie. Elle paraît traduire en actes les mots barrés par le refoulement. Leur mise à jour par la cure est sans efficacité, comme si la boulimique traitait les mots comme des choses. La levée du refoulement laisse l'acte boulimique intact.

La question de la *féminité* est aussi à interroger dans la boulimie. Igoin estime que la boulimie est explicable par un type particulier d'identification : l'identification dévalorisante à la mère malheureuse ou au père qui la rend malheureuse, ce qui impliquerait un refus du féminin. Le recours à la nourriture pourrait s'interpréter comme un maintien dérisoire de l'attachement primitif à la mère.

• *Célérier et les relations mère-fille*

La conception de Marie-Claire Célérier (1977, 2003) repose sur les rapports mère-fille et la difficulté à ce que les deux puissent affirmer leur subjectivité. L'irruption de la sexualité entraîne un conflit que la boulimie tente de résoudre, le choix de la nourriture étant lié à ce qu'elle appartient à un « registre commun » à la mère et à la fille.

M.-C. Célérier évoque la difficulté à situer précisément la boulimie – pathologie narcissique – parmi les autres entités. Elle la définit comme un symptôme carrefour à un double niveau : frontière entre névrose et psychose, et mise en scène corporelle entre le non-sens psychosomatique et le signifiant hystérique. Le choix de l'objet nourriture est à rechercher dans l'histoire personnelle ou familiale – qui a fourni un point d'appel à l'expression psychopathologique – et, en particulier, dans les rapports mère-fille autour de la féminité et de la sexualité. La boulimie marque un conflit sexuel qui ne se résout pas, comme dans la névrose, par le refoulement, ou comme dans le symptôme psychosomatique. Dans le couple mère-fille, il ne peut exister qu'un seul sujet, un seul désir, celui de la mère ou celui de la fille, l'autre ne pouvant que disparaître dans cette lutte. Dans la clinique, M.-C. Célérier repère des familles dans lesquelles existe une relative indépendance des imagos parentales et des parents réels : des mères déprimées ou ayant été déprimées dans la petite enfance de leur fille et l'ayant investie narcissiquement en la transformant en appendice d'elles-mêmes, si bien qu'elles ne pouvaient s'en séparer sans se vider plus encore. La fille se trouve prise ainsi entre « être vidée » de sa substance ou « faire le vide ». Comme le souligne Torok, « fille et mère sont indiciblement liées, l'une complète le vide de l'autre ».

> *Aline, 26 ans* : « Ma mère… elle est obnubilée par l'apparence. Elle était très jolie, une sorte de femme-enfant insatiable, d'après ce que j'ai compris. Elle voulait un garçon, ça l'aurait sans doute flattée d'être l'amour incomparable d'un petit homme, d'un futur homme. Je n'ai jamais bien su pourquoi, mais elle m'a confiée pendant trois ans à sa mère. Ils venaient me voir, mes parents, mais c'était ma grand-mère qui comptait pour moi. Et puis, elle m'a reprise, je n'ai jamais su pourquoi. Pendant toute mon enfance, je me suis repliée sur moi. Elle savait

> tout sur tout, et me faisait profiter de ses conseils diététiques et de ses grands principes sur ce que devait être une fille, puis une femme. À l'adolescence, j'ai eu une période de minceur jusqu'à 16 ans. Mais je me stressais. Je devais être la meilleure dans tout ce que je faisais. Je réussissais tout à l'école, mais j'avais peur des autres. J'étais stressée, la nourriture me calmait. Puis j'ai commencé à avoir des crises de boulimie. Je ne supportais pas l'idée de grossir, mais la privation de nourriture me donnait envie de tout dévorer. Depuis, la boulimie continue. Je suis mince, je pense, mais le regard de ma mère me glace. J'ai l'impression d'être un monstre qui se laisse aller ; ça me détruit. »

La boulimie est déclenchée devant l'impossibilité de se reconnaître un corps sexué et des pulsions liées à ce corps. L'équilibre est rompu à partir du moment où la féminité ne peut continuer à être déniée sans tomber dans une remise en cause absolue. Elle peut être considérée comme l'expression et la répression du désir. La crise de boulimie est source de plaisir mais aussi de déplaisir, car elle accentue la distance entre le Moi et ses idéaux (Moi Idéal et Idéal du Moi). La crise montre que les boulimiques n'ont pas le pouvoir de se soumettre aux injonctions d'un Idéal du Moi exigeant.

Faute de pouvoir être femme, du fait des relations avec une mère supportant mal la distance avec la fille, en proie à des idéaux du Moi exigeants, faute de pouvoir désirer, la boulimique s'en remet à l'ingestion de nourriture.

Toutefois, en 2003, M.-C. Célérier s'interroge : le déni de la castration sans déni de la différence des sexes qui caractérisait les premières familles étudiées n'est-il pas devenu un modèle culturel qui privilégie le narcissisme et laisse un vide relationnel favorisant la régression pulsionnelle ?

• *Jeammet et les « assises narcissiques »*

Philippe Jeammet a fortement contribué à l'étude psychanalytique de la boulimie. Il la met en rapport avec les troubles du narcissisme (défaut de constitution), les émotions ingérables suscitées par la rencontre avec l'objet libidinal, la fragilité des limites, la prégnance de l'affect sur le sens, le poids de l'économie psychique.

Le style relationnel des boulimiques est analogue au lien qu'elles entretiennent avec la nourriture et qui alterne, avec la même intensité, entre avidité et rejet. Leur sensibilité, et même leur vulnérabilité à la relation, serait l'expression d'une difficulté à gérer la distance avec l'autre (« avidité relationnelle »). Leur importante production fantasmatique et leur apparente capacité de représentation coexistent avec une capacité de parole, une conscience de certains de leurs conflits. Mais les productions fantasmatiques sont « mal élaborées », et le latent et le manifeste sont parfois confondus. P. Jeammet place au cœur de la problématique boulimique la question de l'identité, des relations d'objet, et de ce qu'il nomme les « assises narcissiques » (1991).

Les assises narcissiques selon Philippe Jeammet

« Les insuffisances d'intériorisation des assises narcissiques, la fragilité des limites et des processus de différenciations : insuffisance du pare-excitation, failles narcissiques, mauvaise différenciation des imagos, permanence de la bisexualité, inachèvement des identifications, mauvaise différenciation du surmoi et de l'idéal du Moi qui demeurent imprégnés d'éléments archaïques. Le résultat en est l'échec des mécanismes de défense les plus évolués : déplacement et refoulement, et un fonctionnement névrotique aléatoire dont la valeur organisatrice et le rôle dans l'économie psychique dépendent en grande partie de l'état conflictuel du sujet et de la qualité plus ou moins étayante des objets externes de l'environnement, véritables auxiliaires du Moi » (Jeammet, 1991, p. 87).

La relation boulimique se caractérise par l'appétence objectale (recherche d'objets d'investissement) qui signe à la fois des insuffisances d'intériorisation, et la fragilité des assises narcissiques. Les insuffisances d'intériorisation sont responsables de la constitution d'un narcissisme – défaillant – uniquement soutenu par les objets *externes* (qui servent à la fois d'étayage et de double). Ce type particulier de relation est à mettre en rapport avec les liens infantiles aux objets parentaux, qui sont davantage fondés sur un contre-investissement de l'attachement à la mère que sur une relation structurante avec le père, situation qui est souvent associée à un vécu incestueux.

Jeammet repère, dans la famille des boulimiques, une relation père-fille à forte tonalité incestueuse, de fréquentes tentatives de séduction par des membres masculins de l'environnement familial, et une forte attente à l'égard de la figure maternelle, qui sera marquée de déceptions. Il évoque, à l'origine de ces déceptions, ce que Piera Aulagnier nomme des « ruptures trop brutales du contrat narcissique », souvent liées à un retrait d'investissement maternel du fait de situations comme la dépression maternelle, d'autres naissances dans la fratrie..., des « traumatismes cumulatifs ». Ces situations ont des conséquences sur le narcissisme telles que le sujet ne parviendra pas à mobiliser ses ressources internes, et placera les garants de son moi du côté des objets externes. Ces atteintes à la constitution du narcissisme ont pour conséquence une impossibilité de travail de liaison des affects et des représentations, du travail d'élaboration. Les relations familiales sont donc à l'origine d'un échec d'intériorisation des objets et d'une soumission aux objets extérieurs (réels), comme si l'intériorité avait moins de poids que la réalité.

La boulimie se caractérise par un type de fonctionnement psychique dont la spécificité repose sur deux éléments : le *défaut d'élaboration psychique* et la nature de la *régression*.

• La boulimie est une réponse au conflit entre narcissisme et relation d'objet, entre investissement de soi et investissement de l'objet ; elle représente une dépendance aux objets de la réalité externe, qui permet aux sujets d'assurer un équilibre narcissique. Le défaut d'intériorisation de l'objet, cette lacune des identifications structurantes, d'élaboration psychique, de la constitution du narcissisme représente une source de difficultés ultérieures. Jusqu'à la puberté, le sujet bénéficie d'un équilibre précaire, qui est rompu à l'adolescence, parce que cette dernière implique l'accès à l'autonomie et à la sexualisation des liens. La boulimie apparaît alors que l'adolescence aurait pu permettre l'accès à l'investissement objectal assurant l'intégrité du narcissisme. Ce défaut d'élaboration psychique favorisera la réponse par l'agir, qui donne l'illusion d'une possible *maîtrise* sur l'objet, et de retrouver un rôle actif. L'agir boulimique tente de restaurer les limites corporelles et une identité menacée par la négation des désirs et des liens objectaux internes. Mais cette tentative est inefficace, car l'agir a pour conséquence de détruire les processus de représentation au profit d'affects, d'émotions, indifférenciés.

• Le second point concerne le *choix* de la conduite boulimique. La mise en cause des assises narcissiques défaillantes pour les boulimiques est déclenchée par la confrontation à la situation œdipienne, à la différence des sexes et à ce qui évoque l'incomplétude, situations qui réactivent les processus identificatoires qui échouent partiellement. Pour les boulimiques, le risque, en s'identifiant à un objet libidinal dont elles dépendent, est de le détruire ou de se confondre avec lui, de se perdre elles-mêmes en lui. La particularité de la régression dans la boulimie est qu'elle se caractérise, non par son caractère oral (ingérer) ni anal (maîtriser), mais par l'importance du recours à une fonction *physiologique*, et au caractère de plus en plus opératoire de la pensée, ce qui témoigne de l'échec des zones érogènes dans leur capacité de liaison libidinale. L'échec de l'érogénéité trouve son origine dans les autoérotismes, les traumatismes infantiles, qui redoublent les effets propres du comportement en permettant d'évacuer, par la répétition, les traces des liens objectaux. La régression boulimique conduit, pour se protéger d'une menace du lien avec l'objet libidinal et conserver une autonomie narcissique, à l'éviction, à la disparition de l'objet.

Le réaménagement postérieur à la régression, c'est-à-dire la conduite boulimique, est caractérisé par la relation du sujet à son objet-symptôme, « la crise boulimique ». La crise doit se dérouler sans interruption, et pour Jeammet, elle permet d'éviter la question de la séparation, du manque alors nié, grâce à la présence de l'objet nourriture. L'après-crise laisse place à la honte, aux auto-reproches, expression d'une capacité masochiste, mais aussi d'un refus de toute intériorisation, introjection exprimée par le rejet de l'aliment ingéré. Plus les crises se répètent, plus le lien à l'objet libidinal, la dimension libidinale, s'amenuisent.

> *Patiente boulimique* : « Je rêve d'être anorexique. Ça doit être merveilleux de ne pas manger, de ne pas avoir faim. La bouffe, c'est tellement mépri-

> sable. Des fois, c'est le bonheur, car je me sens presque anorexique. Je ne vois pas comment je pourrais avoir l'idée même de manger. Seulement, cela n'arrive que quand j'ai tellement mangé la veille que j'ai encore comme une gueule de bois, ou alors quand je suis malade pour de bon. Alors je me dis que je vais rester toute ma vie au bouillon de légumes » (patiente boulimique citée *in* Igoin, 1979, p. 96).

Par ailleurs, Jeammet pense la conduite boulimique en termes d'« aménagement pervers », dans la mesure où les caractéristiques de la boulimie évoquent l'importance de la relation d'emprise, le mouvement de déliaison pulsionnelle, de délibidinalisation, ainsi que la transformation de l'objet de désir génital en objet de besoin sous emprise, d'objet total en objet partiel à la merci du sujet, éléments qui sont au centre de la problématique boulimique et de la problématique perverse. Les boulimiques ne sont pas des perverses, mais le modèle de la perversion sert à penser le fonctionnement boulimique.

• ***Métapsychologie de la boulimie***

B. Brusset (1991) propose une description métapsychologique de la boulimie à partir du modèle freudien de la « névrose actuelle » (névroses dont l'origine ne se situe pas dans les fantasmes infantiles, mais dans les frustrations du présent ; elles n'ont pas de sens interprétable ; cf. Pedinielli, Bertagne, 2010). La boulimie est pensée comme la libération directe d'une charge pulsionnelle, libération liée à un défaut d'élaboration et de maîtrise des excitations. Les facteurs biologiques de la puberté augmentent la force pulsionnelle ; l'absence de satisfactions sexuelle et affective adéquates se manifeste par une faim contraignante et par la décharge dans l'acte boulimique. Tout se passe comme si la faim survenait à la place de l'angoisse. Le passage à l'acte boulimique résulte de l'absence d'élaboration psychique, de symbolisation, et de la discontinuité du fonctionnement psychique.

Du point de vue dynamique et économique, l'acte boulimique résulterait d'une opération défensive visant à donner une issue aux conflits intrapsychiques, sans élaboration psychique. Du point de vue topique, la fragilité des fonctions d'élaboration figurative et symbolique du préconscient est en cause (défaut de liaison au sein de l'appareil psychique).

La fonction alimentaire est investie par les conflits pulsionnels inconscients dont elle permet l'expression, tout en les endiguant de façon à laisser libre l'activité psychique. Le passage à l'acte repose essentiellement sur les processus primaires de l'inconscient en rupture avec les processus secondaires du Moi. Les affects prévalent sur les représentations, mais ces affects sont ceux d'un fonctionnement psychique primitif.

Brusset fait de la boulimie de l'adolescence une lutte contre les sentiments de manque, de vide, se substituant aux mécanismes de défense psychiques et à l'élaboration psychique pour réorganiser la vie affective. Le surinvestissement de l'acte alimentaire, des sensations et perceptions corporelles, a un effet anti-métaphorique et de désymbolisation, mais possède aussi une fonction de suppléance du Moi incapable de mettre en scène les pulsions, sans danger pour l'intégrité du Moi.

Se référant aux stades du développement libidinal, il situe la régression et la fixation pulsionnelles au niveau *prégénital* en lien avec l'émergence d'un registre sexuel oral archaïque, exprimée par diverses dimensions orales : l'avidité, l'impatience, l'impossibilité de différer, la perte de la différenciation et la fusion avec l'objet (identification primaire, narcissisme primaire), la destruction de l'objet et son appropriation, la culpabilité et l'angoisse de persécution à thème de dévoration. Il souligne aussi les régressions anales en lien avec la « fécalisation » de l'aliment et du corps propre, et la fascination pour l'ordure, la honte, le dégoût. L'analité est également repérable dans les problématiques d'activité-passivité, de domination-soumission, de plein-vide, de contenant-contenu – évidentes dans l'anorexie, mais présentes aussi dans la boulimie. Les composantes anales qui soustendent directement le vomissement évoquent la dimension sadomasochique. La problématique boulimique est donc une impossible élaboration psychique de la sexualité génitale qui serait en contradiction avec les conflits archaïques réactivés.

La boulimie tente de réaliser l'appropriation d'un objet, confondu avec soi dans la fusion primaire, mais simultanément détruit par l'incorporation cannibalique, secondairement fécalisé et violemment expulsé par le vomissement. De ce point de vue, Brusset évoque l'acte boulimique comme antinarcissique, car le Moi est fragilisé par le mouvement même qui cherche à en établir la force.

La boulimie doit être considérée comme la conséquence, mais aussi la tentative de suppléance du manque, du vide, de la douleur psychique, du trouble de l'identité allant jusqu'à la douleur physique, le sommeil ou le rétablissement du vide corporel par le vomissement. Il met en lien la réduction de l'affect à la sensation de plein-vide corporel comme substitut du vide affectif, psychique, sensations liées à l'absence d'objets internes, et à l'élaboration défensive contre toute conflictualité intrapsychique par l'expulsion des contenus mentaux.

• *La perspective lacanienne*

Peu de textes sont consacrés à la boulimie, d'autant que souvent, les auteurs s'intéressent à « l'anorexie-boulimie », ce qui ne permet pas de dégager la spécificité de la boulimie. Plusieurs mentions permettent toutefois d'interpréter la boulimie, considérée en elle-même, ou dans son rapport à l'anorexie, ou comme une addiction (cf. *supra*).

La boulimie évoque une situation dans laquelle un objet réel vient prendre la place de l'objet de la pulsion. La grande difficulté du boulimique semble être la relation à l'Autre avec ce qu'elle implique : l'énigme de l'altérité radicale incarnée par l'Autre, la relation d'aliénation qu'introduit la question du désir et de la demande. La boulimique cherche à se débarrasser du désir et de la loi qui le soutient. Elle se réfugie dans le registre du besoin, avec, comme conséquence, la satisfaction paradoxale qu'apporte l'objet nourriture. Il s'agit donc d'une tentative d'annihilation du désir et d'un mode de rapport à l'objet permettant de se défendre contre l'angoisse, sans passer par la subjectivation de la castration de l'Autre. La boulimique, par son acte, révèle donc une tentative de suppression de la demande, sur laquelle reposent les relations avec l'objet libidinal, ceci afin de s'installer dans une modalité de jouissance dans laquelle il n'y a pas de place pour l'altérité. L'Autre est, en quelque sorte, hors circuit !

• *L'anti-pensée (Couvreur)*

À partir des écrits de Freud sur l'expérience primaire de satisfaction (Freud, 1900), Couvreur interroge la fonction anti-pensée de la boulimie. Le texte de Freud est d'autant plus important qu'il est une définition du désir dans la théorie freudienne et de ses rapports avec le besoin.

Expérience primaire de satisfaction selon Freud (1900)

« L'excitation provoquée par le besoin interne cherche une issue dans la motilité que l'on peut appeler "modification interne" ou "expression d'un changement d'humeur". L'enfant qui a faim criera désespérément ou bien s'agitera. Mais la situation demeure la même ; car l'excitation provenant d'un besoin intérieur répond à une action continue et non à un heurt momentané. Il ne peut y avoir changement que quand, d'une façon ou d'une autre (dans le cas de l'enfant par suite d'une intervention étrangère), l'on acquiert *l'expérience de la satisfaction* qui met fin à l'excitation interne. Un élément essentiel de cette expérience, c'est l'apparition d'une certaine perception (l'aliment dans l'exemple choisi) dont l'image mnésique restera associée avec la trace mémorielle de l'excitation du besoin. Dès que le besoin se représentera, il y aura, grâce à la relation établie, déclenchement d'une impulsion psychique qui investira à nouveau l'image mnésique de cette perception dans la mémoire, et provoquera à nouveau la perception elle-même, c'est-à-dire reconstituera la situation de la première satisfaction. C'est ce mouvement que nous appelons désir ; la réapparition de la perception est l'accomplissement du désir, et l'investissement total de la perception depuis l'excitation du besoin est le chemin le plus court vers l'accomplissement du désir. Rien ne nous empêche d'admettre un état primitif de l'appareil psychique où ce chemin est réellement parcouru et où le désir, par conséquent, aboutit en hallucinatoire. Cette première activité psychique tend donc à une *identité de perception*, c'est-à-dire à la répétition de la perception, laquelle se trouve liée à la satisfaction du besoin » (Freud, 1900, p. 481-482).

Ce paragraphe montre que le désir est une activité de représentation (réinvestissement d'une perception) qui fait correspondre un souvenir à un déséquilibre (besoin, manque). En cas de besoin, la satisfaction est, en quelque sorte, hallucinée. Cette voie est nommée par Freud « voie régrédiente rapide, interne à l'appareil ». Elle est vouée à l'échec pour la satisfaction du besoin : il ne suffit pas de rêver de manger pour que la faim se calme et que l'organisme soit soulagé. Et Freud oppose

> à ce fonctionnement fantasmatique fondé sur l'identité de perception un autre système plus complexe et tourné vers la réalité. Ce second système est lié au principe de réalité et responsable de la pensée et des actes adaptés aux situations.
> « La satisfaction ne se produit pas, le besoin continue. [...] Pour obtenir un emploi mieux approprié de la force psychique, il est nécessaire d'arrêter la régression dans sa marche, en sorte qu'elle ne dépasse pas l'image-souvenir, et puisse à partir de là chercher d'autres voies qui permettent d'établir de l'extérieur l'identité souhaitée. Cette inhibition, et la déviation de l'excitation qui suit, est le fait d'un deuxième système qui contrôle la motilité volontaire, c'est-à-dire l'utilisation des mouvements pour des fins que nous offre notre mémoire. Mais toute cette activité de pensée compliquée qui va de l'image mnésique jusqu'au rétablissement de l'identité de perception par les objets du monde extérieur n'est qu'un détour dans l'accomplissement du désir, rendu nécessaire par l'expérience. La pensée n'est qu'un substitut du désir hallucinatoire, et on comprend aisément que le rêve ne soit qu'accomplissement de désir, puisque seul le désir peut pousser au travail notre appareil psychique » (Freud, *ibid.*, p. 482).

L'hallucination de la satisfaction ne suffit pas à satisfaire le besoin. Il est alors nécessaire qu'une résistance s'oppose au trajet régrédient (propre aux processus primaires) de l'excitation (retour sur des souvenirs). Sans cette résistance, le déplaisir réapparaîtrait puisque le besoin ne serait pas satisfait, ce qui entraînerait une augmentation de tension (le déplaisir est provoqué par une augmentation de tension, le plaisir par une réduction). Cette résistance, qui limite la satisfaction hallucinatoire, génèrerait une activité de pensée qui vise à obtenir de l'extérieur l'identité souhaitée avec la perception propre à apaiser les tensions, perceptions dont le souvenir a été retenu (Freud, 1925). La rétention du souvenir suppose que la décharge de l'excitation ne soit pas totale. Couvreur s'interroge : « Les crises de boulimie ne sont-elles pas une tentative de reprendre ce trajet régrédient, ce chemin le plus court, selon les modalités de fonctionnement qui seraient celles d'un appareil psychique primitif ? » (p. 23)

Freud précise que cet appareil psychique primitif deviendra capable d'intégrer le réel, même déplaisant, à la place de la satisfaction hallucinatoire, et parallèlement, les processus de pensée vont se développer. Alors la suspension de la décharge motrice (devenue nécessaire) est assurée par le processus de pensée qui se forme à partir de l'activité de représentation. Couvreur fait le lien avec les travaux sur la boulimie, soulignant le « surinvestissement de la satisfaction effective en acte, en un comportement qui tend à s'automatiser, et l'importance de l'activité "anti-pensée" » (p. 23). La condition de mise en place de l'épreuve de la réalité, comme de l'activité de penser, est que des objets qui, autrefois, avaient apporté une satisfaction réelle ont été perdus (Freud, 1925). Faute d'avoir pu symboliser cette perte d'une manière suffisante, les boulimiques semblent toujours tentées de prendre le « plus court chemin », celui d'une satisfaction hallucinatoire. Cette dernière, restée sous le seul sceau du principe de plaisir-déplaisir, insuffisamment contre-investie et inhibée au contact de l'objet, aboutit paradoxalement à une décharge qui vide l'appareil psychique, ainsi qu'à la perte de la « représentation » de l'objet, comme de soi » (Couvreur, p. 24).

c) Boulimie et addictions

Le discours des boulimiques offre une parenté avec celui des patients victimes d'usages excessifs et de dépendance à des objets, ce que l'on nomme « addictions ». La boulimie répond aux critères de l'addiction (cf. Goodman) tant par la consommation avide et irrésistible que par la répétition, la résolution d'un état de tension intérieure, sa poursuite malgré ses conséquences physiques, psychologiques, sociales préjudiciables, ses effets de polarisation sur la nourriture. Le modèle psychopathologique des addictions, décliné en plusieurs conceptions dépendant des différentes doctrines théoriques, sert à comprendre certains aspects psychologiques, économiques, subjectifs de la boulimie comme l'ont fait McDougall, Jeammet, Corcos, Pirlot, Pedinielli, Manenti, Rengifo…

• *Les « actes-symptômes » (McDougall)*

Joyce McDougall évoque les « objets-choses » (1978) pour souligner que l'objet d'addiction peut être considéré comme un « tenant lieu » d'objet transitionnel dont il signe l'inexistence, comme un objet « en voie d'introjection ». Elle se réfère, comme beaucoup d'analystes, à cette succession : échec de l'introjection et recours à l'ingestion dans la réalité, à la place du fantasme d'incorporation, lui-même signant l'échec de l'incorporation (cf. aussi Gutton, 1984).

Les « actes-symptômes » tiennent lieu « d'un rêve jamais rêvé, d'un drame en puissance, où les personnages jouent le rôle des objets partiels ou même sont déguisés en objets-choses, dans une tentative de faire tenir aux objets substitutifs externes la fonction d'un objet symbolique qui manque ou qui a été abîmé dans le monde psychique interne » (1978, p. 162). Ces « actes-symptômes », l'élection des objets (« objets-choses ») transitoires, jouent un triple rôle. En premier lieu, ils permettent une évacuation de l'affect et de la douleur insupportable lorsque l'équilibre économique est menacé par le vide sur le versant objectal ou sur le versant narcissique. En second lieu, ils tentent de reconstituer l'objet symbolique qui a manqué. Enfin, ils correspondent à l'extériorisation d'un drame et participent au « théâtre de l'impossible ». La boulimie peut être comprise à partir de ces éléments.

J. McDougall fait de la boulimie une « solution addictive » à une difficulté de séparation mère-enfant. À partir des travaux de Winnicott (1951, 1954), elle lie l'origine de certains modes de fonctionnement psychique et la nature des relations mère-enfant. Winnicott décrit un état de fusion mère-nourrisson dans les premiers temps de la vie du bébé, état qui doit laisser place au développement des phénomènes « transitionnels » (activités ou objets) permettant d'accéder à la séparation. Ce second temps peut être entravé si la mère ne l'investit pas ou ne le soutient pas : l'accès à la séparation dépend de la position de la mère et de ses capacités à laisser son enfant s'éloigner. Lorsque la mère ne peut soutenir cette position, elle met en échec « la capacité d'être seul » (Winnicott, 1958), créant chez l'enfant une « crainte de développer ses propres ressources pour atténuer ses tensions affectives » (McDougall, 2004, p. 516), ce qui le rendra dépendant de la présence de la mère : pour résoudre un problème affectif, il fera appel à la présence maternelle rassurante.

McDougall fait l'hypothèse qu'en raison de ses angoisses et désirs inconscients, une mère est potentiellement capable de créer chez son bébé une relation addictive, portant autant sur sa présence que sur ses soins. L'enfant n'étant pas en capacité de se constituer une représentation interne d'une mère soignante, il cherche, afin de supporter les moments de tension, une solution dans le monde externe, comme c'était le cas dans son enfance ; l'extériorité prévaut sur l'intériorité, la boulimie représente la continuité de ce fonctionnement.

Le plus urgent pour l'économie psychique addictive est de se débarrasser le plus rapidement possible des sentiments d'angoisse, de colère, de culpabilité, voire des sentiments agréables ou excitants, vécus inconsciemment comme défendus ou dangereux. Faute d'inscription psychique, les actes deviennent la solution. La boulimie est interprétable dans ce contexte. La dimension compulsive, l'avidité, la répétition, proviennent de ce qu'aucun objet appartenant au monde réel ne peut réparer les manques dans le monde psychique interne. La double fonction de la boulimie, en tant qu'addiction, serait la réparation de l'image narcissique et l'attaque des figures parentales du passé. Ainsi, elle souligne une fonction de défiance de l'acte addictif à plusieurs niveaux : à l'égard de l'objet maternel interne, ressenti comme incapable ou absent, à l'égard du père interne ressenti comme défaillant dans ses fonctions paternelles et déchu, et enfin, à l'égard de la mort, soit comme intouchable soit comme résolument soumise.

La boulimie, conçue comme une conduite addictive, repose sur une organisation psychique dans laquelle, du fait des relations mère-enfant perturbées, la constitution de l'objet transitionnel ne s'est pas réalisée. Lorsque les revendications pulsionnelles ou les aléas de la rencontre avec l'objet se manifesteront, le sujet, en difficulté, ne pourra pas faire face à l'angoisse, aux sentiments, au vide révélé. La boulimie interviendra alors comme une solution tentant à la fois de lutter contre ce déplaisir et de restituer ce qui est défaillant dans son monde interne – solution vouée à l'échec et à la répétition illusoire.

• *Le corps dans l'addiction*

Corcos (2005) souligne la valeur heuristique du concept d'addiction dans les TCA. Il permet de comprendre les comorbidités observées dans ces troubles. Le pouvoir d'auto-renforcement du processus d'addiction est à l'origine de la constitution de verrouillages qui contribuent à plonger le sujet dans un équilibre toujours précaire dont il est de moins en moins le maître d'œuvre. Les conduites addictives ont en commun de constituer un acte d'autodestruction du corps, des liens et de la capacité de penser, dans un contre-investissement de la réalité psychique et des besoins éprouvés du corps. La partie de soi attaquée ou rejetée apparaît toujours comme une partie désinvestie par les parents, ou surinvestie et parasitée par leur problématique. Cette partie de soi sera rapidement « sabotée » du fait du lien de dépendance insupportable qu'elle suppose.

Le trouble du comportement alimentaire plonge le sujet dans un cercle vicieux, aboutissant à un appauvrissement de ses relations. La répétition de ces conduites agies (essentiellement parce qu'elles sont stabilisantes dans un équilibre masochique et qu'elles ne sont pas précocement limitées et contenues) comporte une dimension de symptôme familial qui sanctionne la non-résolution d'anciens conflits et préserve quelque secret. La répétition entrave le processus de définition identitaire à l'adolescence, et enferme le patient dans un mode d'expression symptomatique marqué par la rupture, dont le sens sera de plus en plus hermétique pour une famille et le médical.

L'autre verrouillage, biologique, dépend de la spécificité de l'objet addictif qui joue un rôle considérable par la nature, la brutalité et l'intensité de la jouissance qu'il procure, fixant la conduite dans l'illusion d'une résolution magique de tout conflit. Le choix du produit addictif dépend de l'offre (conditions socio-économiques et culturelles), mais aussi de l'organisation psychique du sujet (la toxique n'aura pas les mêmes effets, et il ne lui sera pas accordé le même rôle dans des organisations différentes : névrose, psychose, état-limite…). Enfin, la chronicisation est en elle-même un facteur de dépression du fait de l'importance des désordres biologiques provoqués par la conduite. Les effets des désordres psychiques et physiques occasionnés dans les phases aiguës (état de mal boulimique, recherche d'amaigrissement) entraînent des remaniements psychologiques, et se voient conférer un sens par le sujet dont les rapports à la réalité sont modifiés. La dépendance ne soulage pas les troubles psychiques primaires, mais les aggrave (anxiété, dépression...). Ces effets secondaires sont intégrés par le sujet dans sa compréhension de son monde interne et relationnel, en fonction des besoins primaires qui étaient les siens. Très rapidement, la boulimie ne tient pas seulement lieu de raison de culpabilité, comme dans bon nombre de névroses, mais aussi d'identité de compensation, d'emprunt, face à un vide identificatoire, et elle installe un néosystème de régulation des relations, avec une source de jouissance perverse qui fixe le sujet à des objets infantiles dénaturés. L'autodiagnostic de la boulimie, fort développé dans les médias, pris dans le mythe d'une santé idéale à trouver en traquant toute manifestation de pathologie, contribue à conférer au statut de boulimique une identité sociale (cf. les blogs dans lesquels les personnes s'affirment, se revendiquent comme boulimiques, sans pour autant atteindre la mythification de l'anorexie dans les blogs pro-ana ; la boulimie demeure un trouble, pas un idéal de vie).

• *Addiction, limite et défense*

Pirlot (2009) définit l'addiction comme un comportement de *défense* contre tout sentiment de vide intérieur et toute excitation sexuelle, celle-ci étant toujours susceptible, pour des sujets fragiles narcissiquement, de mettre à mal leur pensée, leur organisation et leur équilibre.

Il rapproche les personnes souffrant de troubles du comportement alimentaire des personnalités en proie à des conduites addictives, chez lesquelles la dépression « anaclitique », le sentiment de vide et de chaos interne dominent. Il les caractérise par l'impulsivité-compulsionnalité, le besoin de décharger corporellement l'excitation interne, la présence fréquente d'un vécu de dépersonnalisation, des limites corporelles floues, du maintien masochique des conduites malgré leurs effets délétères pour le corps, et enfin une problématique de défaillance narcissique et de trouble de l'identité. Il souligne ainsi la similitude dans le mode de relation à l'autre des patientes anorexiques et/ou boulimiques et des personnalités addictées ou des *états-limites*, relation qu'il nomme, à la suite de Bergeret, la problématique du « porc-épic », redoutant l'abandon et autant la proximité, ce qu'il lie à une imago maternelle envahissante ou déprimée, peu compensée par celle du père.

Ces patientes, manquant de mots pour décrire leurs sensations, émotions et fantasmes, sont en proie à un sentiment de vide intérieur. Pirlot l'appelle « désert intérieur », lieu déserté par le sens et par l'autre, favorisant la recherche de l'objet de consommation, d'addiction, pour suppléer ce vide. Ces patientes ont des difficultés à inhiber la décharge immédiate et à rendre présent intérieurement l'objet (l'autre) manquant. Elles ont du mal à élaborer tout délai d'attente d'une satisfaction, à différer le plaisir, ce qui rend impossibles la métaphorisation et la sublimation. Il en est de même pour la difficulté à penser et à se représenter intellectuellement et psychiquement les émotions, les sentiments et l'imaginaire. Le désir est plus agi que sublimé, provoquant alors désillusion, insatisfaction, la honte liée au secret des accès boulimiques témoignant d'un conflit entre le Moi et l'Idéal du Moi, et de la déception face à cet idéal.

Pirlot interroge le comportement boulimique à la lumière du concept de narcissisme, notamment à partir du développement théorique de Green (1983) à propos du narcissisme de vie (utile à la construction du Soi) et du narcissisme de mort conduisant à la plénitude, c'est-à-dire à la fusion du Moi dans l'autre (l'objet) et la disparition de celui-ci. Dans ce cas, le Moi cherche le neutre ; il est alors animé par un désir d'unité, de sorte que toute tension, tout conflit (avec l'autre ou soi-même) soit aboli. Pirlot voit ainsi dans les pratiques boulimiques un désir de non-désir, de n'avoir à ressentir aucune tension psychique, dans la mesure où la fonction paternelle n'est plus suffisamment présente dans le psychisme pour soutenir en soi la conflictualité. Il revient sur les fonctions qu'a le père dans l'inconscient, elles-mêmes en relation avec d'autres fonctions et instances psychiques, créant entre la mère et l'enfant un espace, permettant et dynamisant le désir par l'interdit de l'inceste et sa transgression, créant ainsi les conditions de symbolisation-idéalisation qui permettent la pensée. Le vide intérieur des boulimiques est lié à l'absence de l'objet paternel, au manque d'efficacité de ses fonctions de protection et de contrainte, ceci étant très souvent renforcé par une trop grande présence maternelle, voire son emprise.

Les addictions, donc la boulimie, sont liées aux processus privant la société de l'importance du rôle du père et vidant l'autorité paternelle de son contenu. La perte de la présence et de l'obstacle paternel est impliquée dans la difficulté de symboliser et de parler des émotions, mais aussi dans le retournement contre le sujet du sentiment de culpabilité et de l'agressivité, faute d'avoir trouvé un objet de contrainte et de limite. Ainsi, le manque de fonction de contrainte du père a des conséquences sur le déploiement de l'agressivité, du masochisme, de la toute-puissance, et sur la rivalité du sujet qui cherchera ces interdits dans des conduites transgressives ou masochistes.

• *Boulimie addictive et sexualité archaïque*

La logique addictive de la boulimie repose, selon Brusset, sur la mise en œuvre de comportements en lien avec des facteurs physiologiques (tels que la régulation de l'appétit) afin d'exprimer des représentations de désirs conscients ou inconscients, qui tendent à assujettir le psychisme. Le système plaisir-déplaisir est alors géré par des processus qui sous-tendent la compulsion de répétition, donc mettent en jeu la jouissance et non le plaisir comme réduction de tension.

Des représentations non alimentaires qui trouvent dans le comportement boulimique un mode de réalisation tendraient à contourner le refoulement. Les pulsions d'autoconservation ne pouvant être refoulées, tout se passerait comme si les pulsions sexuelles et agressives inconscientes se travestissaient en pulsions d'autoconservation pour franchir la barrière du refoulement. Celles-ci règnent alors en maître sur la conscience, et seuls quelques mécanismes peuvent s'opposer à elles : la censure, l'inhibition, l'évitement, la répression et encore le surinvestissement des sensations ou d'actions d'allure compulsive ou addictive. Ainsi le Moi se trouve neutralisé, et toute son énergie est vouée à des modalités archaïques de la sexualité.

• *Perspective lacanienne*

Quelques auteurs – dont Manenti (2010) – ont évoqué les rapports entre boulimie et addictions. Pourtant, jusqu'alors, le terme « addiction » était peu présent dans les écrits des écoles lacaniennes. Le modèle proposé par Rengifo en 2010, à propos de « La boulimie : une toxicomanie sans drogue ? », était déjà une théorie de l'addiction assez proche de celle que nous proposons (Pedinielli, Bonnet, 2008 ; Bonnet, Pedinielli, 2010) sous l'expression « économie parallèle » : désir rabattu sur le besoin, suppression de la demande. Pour Manenti (2010), la boulimie s'apparente à un comportement addictif qu'il met en relation avec un père idéal que semble inventer la patiente et qui est en complet décalage avec le père réel, la patiente se vivant comme ce qui manque à la mère (« agent de la castration maternelle »). Contrairement à l'anorexique, elle ne contrôle rien, elle veut « tout », jusqu'à l'écœurement, jusqu'au vomissement. La boulimie repose sur une impossibilité de poser un acte dans la réalité, d'agir sans la protection d'un père idéal, d'accepter le manque (et non de l'engloutir dans la dévoration d'aliments), de réussir à dépasser la figure d'un père mythique tout-puissant (celui de Totem et Tabou). La disparition de la boulimie suppose que la haine du père diminue, de même que la haine de soi, en acceptant de dire « non » à ce « tout ».

• *L'addiction, une « économie parallèle »*

Le modèle de l'« économie parallèle » a été proposé par Pedinielli (1991, 1994 ; 2008) pour décrire le processus de l'addiction. Elle est analogue à une pulsion partielle, et constitue une forme de néo-besoin qui replace le sujet addicté dans un mode primaire de satisfaction d'un besoin primordial. Tout se passe comme si la vie de l'addicté se réduisait à un fonctionnement de type besoin-satisfaction qui annule le fait que toute satisfaction infantile est soumise au désir de l'entourage (désir de l'Autre).

La boulimique tente vainement de s'inscrire dans une position subjective (position de sujet autonome), position qui la réduit ironiquement à être l'objet de son objet, dépendante de celui-ci et de l'Autre. Les stimulations et les sensations d'apaisement obtenues grâce à l'utilisation de la nourriture (objet externe) que le sujet contrôle remplacent l'affect (qui, lui, est psychiquement élaboré) et son expression. La disp onibilité de la nourriture, sans recours à autrui, sa disponibilité, son apparente banalité donnent à l'addiction boulimique une connotation particulière dans laquelle, contrairement au jeu, à l'alcool et aux drogues, la conscience est peu modifiée. En revanche, la boulimie mime la « physiologie du désir » (tension interne, excitation, avidité, épuisement) en rejetant sa dimension fantasmatique.

Cette position rappelle « l'action spécifique » comme un acte nécessaire à la résolution de la tension créée par le besoin, forme originale de réification du désir » (Pedinielli, Bonnet, 2008). La boulimie, comme les autres addictions, réduit les expériences subjectives à un ensemble de sensations, de besoins, ou de diminution de tension, les autres à des instruments auxquels rien ne vient s'opposer que les contingences matérielles : le besoin à la place du désir, la transaction à la place de la demande, l'acte à la place du fantasme, l'objet consommable à la place de la relation à l'autre, la sensation à la place du sentiment, la peur de la dépendance à l'autre entraînant une maîtrise apparente d'un objet matériel... Telles sont les traductions auxquelles procède la boulimie.

2.2 Approche familiale de la boulimie

L'approche de Mara Selvini concernant l'anorexie est également appliquée aux patientes anorexiques présentant des accès boulimiques. Giorgio Nardone, pour sa part, a construit sa théorie des troubles alimentaires à partir de sa pratique thérapeutique systémique. Sa théorie se fonde sur une « nosographie » spécifique, proposant quatre catégories de troubles, auxquelles correspondent quatre lignes stratégiques différentes.

1) *L'anorexie* est définie comme une tentative de contrôle (de la relation du sujet à la nourriture, puis à tout ce qui donne du plaisir) qui réussit trop bien et devient, de ce fait, une sorte de contrainte irrépressible. La ligne stratégique thérapeutique consiste à perturber le contrôle lui-même en recourant à des techniques que le sujet ne peut contrôler, et qui ne dépendent pas de sa volonté.

2) *La boulimie* est une tentative de contrôle qui fait perdre le contrôle : plus le sujet cherche à contrôler son rapport à la nourriture,

moins il y parvient. Il faut donc s'attaquer à ses tentatives de contrôle, pour lui permettre de retrouver un contrôle.

3) *Le syndrome de vomissement (vomiting)* se présente comme une « séquence érotique ».

• Premier temps : compulsion irrépressible à manger. Avant d'y céder, le sujet cultive le fantasme de manger puis de se faire vomir, ce qui provoque chez lui une excitation croissante.

• Deuxième temps : le sujet cède à la compulsion de se remplir. L'excitation croît jusqu'à un paroxysme.

• Troisième temps : le sujet se fait vomir, provoquant une chute brutale de l'excitation comparable à un orgasme.

La ligne stratégique générale consiste à briser la séquence, en introduisant un temps de latence croissant entre le gavage et le vomissement.

4) Le *« binge eating »*. Il s'agirait d'un contrôle bien réussi, que le sujet parvient à contrôler (ou un contrôle sans perte de contrôle) : « évolution technologique » à la fois de l'anorexie et de la boulimie. Il consiste en une alternance de périodes d'extrême restriction et de périodes de gavage, sur un rythme journalier (jeûne la journée et gavage le soir) ou pluri-journalier (restriction sévère plusieurs jours de suite, puis gavage, le week-end, par exemple). Ce fonctionnement est extrêmement stable, le sujet ayant vraiment l'impression de contrôler parfaitement la situation. Celui-ci ne consulte que s'il se produit un dérapage, en particulier si le gavage devient trop important, entraînant une prise de poids. L'intervention se fonde sur la transformation d'un rituel de plaisir en un rituel de torture.

L'approche de Giorgio Nardone est diagnostique et, de fait, il recourt abondamment aux concepts de norme et de pathologie. Elle n'en est pas moins pragmatique. Elle présente l'intérêt d'offrir au thérapeute des idées de stratégies et de tactiques qui peuvent orienter sa pratique, et l'aider à se sentir moins intimidé par des problèmes aigus, souvent traités à l'hôpital. La thérapie ne peut en aucun cas se résumer à l'application de tels protocoles.

2.3 Modèle cognitivo-comportemental

On doit à C. G. Fairburn le meilleur modèle de conceptualisation de la boulimie proposé dans une analyse fonctionnelle synthétique.

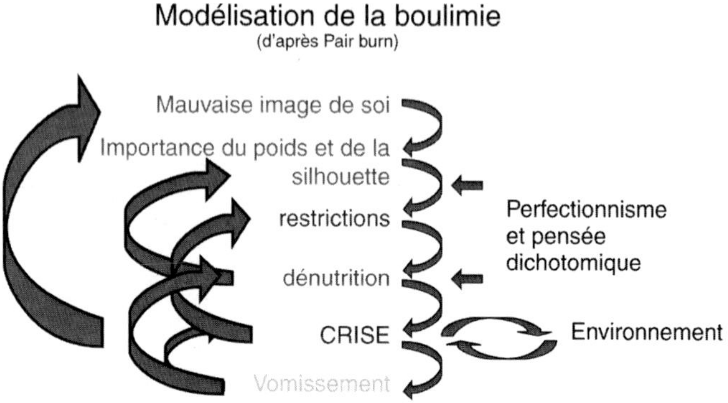

Ce modèle, assez simple, reposant sur une mauvaise image de soi (et une mauvaise estime), soutient un type de thérapie dans lequel les patientes se sentent comprises par leur thérapeute, et permet d'agir sur les facteurs d'entretien du trouble et non sur ses causes plus lointaines.

La thérapie se déroule en principe sur 15 à 20 séances hebdomadaires d'environ 45 à 50 minutes. Elle s'appuie sur le travail psychothérapique en séance et la prescription de tâches entre les séances. Ces exercices sont spécifiques à la thérapie comportementale et cognitive, et en expliquent l'efficacité particulière dans la mesure où ils sont un prolongement des séances et en amplifient sensiblement les effets. Fairburn distingue six étapes. Elles font suite aux deux ou trois séances préalables au cours desquelles le psychothérapeute aura évalué les données cliniques et favorisé la motivation du sujet.

1. Mise en place d'un carnet alimentaire, et suivi hebdomadaire du poids.
2. Alimentation rationnelle.
3. Réduction de la fréquence des crises.
4. Résolution de problème.

5. Élargissement des choix alimentaires.
6. Maintien des acquis, et prévention des rechutes.

Les techniques utilisées sont avant tout comportementales, mais les études récentes démontrent que les résultats sont d'autant plus rapides et stables qu'on y adjoint une thérapie cognitive. L'abord comportemental vise à modifier les habitudes alimentaires, à favoriser les compétences sociales, à mettre en place des réponses adaptées dans les situations à risques, ou encore à développer des capacités à gérer les difficultés quotidiennes. L'abord cognitif est pertinent pour développer et entretenir une motivation au changement, pour affronter les peurs liées aux changements, ou modifier l'image de soi et améliorer l'estime personnelle.

2.4 Les thèses culturelles

a) Le courant féministe

Il avance que c'est au prix d'une déféminisation que la femme peut accéder à des rôles sociaux autrefois réservés à des hommes. Les modifications des standards esthétiques (formes féminines effacées), voire l'apparition de l'habillement « unisexe » (qui n'est en fait que l'adoption par les femmes du vêtement autrefois exclusivement masculin), illustrent l'abandon d'une certaine féminité. Pour prendre le pouvoir, la femme est obligée de dévier par rapport au modèle d'identification que sa mère lui a légué : celui d'un rôle féminin traditionnel, c'est-à-dire limité et en retrait de la société. Les femmes actuelles ont ainsi une image particulièrement dévalorisée de leur mère, celle de la femme exploitée. S'éloigner de la mère en prenant son autonomie, c'est lui signifier que son existence a été dépourvue de sens, qu'elle ne s'y est pas épanouie en tant qu'individu.

Les attaques contre le corps propre, que se prodiguent à elles-mêmes les patientes atteintes de troubles des conduites alimentaires, apparaissent comme des attaques contre la mère, attaques déplacées sur la nourriture, le tout à la faveur d'une conjoncture socio-historique particulière.

Orbach a réfléchi différemment. *Fat is feminist issue* (*Être grosse, une question féministe*, 1978, 1982), *Hungerstrike* (*Grève de la faim*), les titres de ses livres illustrent la perspective dans laquelle elle situe les troubles des conduites alimentaires : des actes de protestation contre le phallocratisme de la société capitaliste actuelle. La prise de poids – *fat* – et les compulsions alimentaires sont une rébellion contre les attributs exigés des femmes : être décoratives, être seulement des objets de plaisir.

Moins de filles que de garçons sont nourries au sein et quand elles le sont, le sevrage intervient plus tôt. Les véritables besoins de l'individu de sexe féminin sont ainsi déniés dès son plus jeune âge. L'adolescence constitue un après-coup qui confirme cette tendance ; la société ne permet pas à la jeune fille de négocier son indépendance par rapport aux enseignements maternels, et fournit comme seule solution à la crise individuation/séparation de l'adolescence un clivage entre le corps et l'esprit : « La seule chose que prêchent uniformément les magazines destinés aux adolescentes comme solution à la crise d'adolescence est le recours aux régimes et au contrôle du poids » (Hunger Strike, 1986, p. 47).

b) Une maladie « culture-bound » ?

Comment expliquer l'éclosion si soudaine, si explosive, si endémique du syndrome boulimique, seulement décrit il y a à peine une quinzaine d'années comme contrepoint de l'anorexie, ou ne survenant isolé que dans de rares cas ? S'agit-il d'une meilleure connaissance de la pathologie et/ou de la diffusion d'un modèle ? On peut, en effet, se demander si une Jane Fonda boulimique ne donne pas naissance à un grand nombre de boulimiques anonymes ou, ce qui est encore plus troublant, si la diffusion d'une information concernant la boulimie, fût-ce dans un but préventif, ne contribue pas à son extension.

Peut-être une collusion de la connaissance médicale et de la plasticité sociale de la psychopathologie contribue-t-elle à faire de la boulimie un autre *culture-bound syndrome*…

3

L'obésité

L'obésité, phénomène culturel et problème mondial de santé publique, n'est pas un trouble des conduites alimentaires ; elle n'est pas mise médicalement, cliniquement sur le même plan que l'anorexie et la boulimie. Mais elle peut parfois être une conséquence de certains des troubles comme les hyperphagies diverses, la gloutonnerie, le grignotage (« phagomanie »), la « sitiomanie » (absorption impulsive de quantités énormes de nourriture), voire certaines boulimies... En outre, certains cliniciens comme Bruch, Fairburn, les psychosomaticiens, ont une approche thérapeutique et théorique qui concerne autant l'obésité que l'anorexie et la boulimie. Enfin, l'obésité est elle-même responsable de troubles et difficultés psychologiques secondaires.

1. Caractéristiques

1.1 Définition

L'obésité, maladie reconnue par l'OMS, est un état caractérisé par un excès de masse adipeuse répartie de façon généralisée dans les diverses zones grasses de l'organisme. Elle est diagnostiquée grâce à un Indice de Masse Corporelle (IMC) ou *Body Mass Index* (BMI) qui est calculé en divisant le poids de la personne par le carré de sa taille (kg/m^2). Si cet indice est supérieur ou égal à 30, on parle d'obésité.

1.2 Prévalence

L'obésité est devenue, numériquement, la première maladie non infectieuse qui frappe les pays industrialisés comme les pays en voie de développement. Pour l'OMS, sa prévention et sa prise en charge sont une priorité dans le domaine de la pathologie de la nutrition.

En France, les études ObÉpi de 1997, 2000 et 2003 ont montré que le phénomène augmentait à un rythme de 0,25 % par an, et que la prévalence de l'obésité chez l'adulte de 18 ans et plus se situait à 11,9 % en 2003. Aux États-Unis, les obèses représenteraient plus de 30 % de la population. Mais les pays non industrialisés ne sont pas épargnés. À Samoa, 55 % de la population adulte est obèse. Le taux d'obésité à Nauru atteint 71 % de la population adulte, 64 % dans les îles Cook, et 59 % dans les îles Tonga.

1.3 Les causes de l'obésité

L'obésité a plusieurs étiologies.

1) Les facteurs *génétiques* : des gènes auraient un impact important sur la corpulence et le pourcentage ou la distribution régionale de la masse grasse. Les enfants en surpoids d'une dizaine d'années ayant au moins un parent obèse ont un risque de 80 % de devenir obèses à l'âge adulte, contre 10 % de risque si les deux parents sont maigres.

2) Les facteurs *endocriniens* : dérèglements hormonaux, glandulaires, etc.

3) Les autres facteurs *médicaux* liés à certaines maladies somatiques et certains traitements médicamenteux.

4) Les facteurs *environnementaux* et les modifications comportementales, notamment l'alimentation trop riche (nourriture à haute teneur en graisses). Le changement du style de vie, qui devient de plus en plus sédentaire, le manque d'activité physique entraînent un réel déséquilibre entre l'alimentation ingurgitée et celle dépensée. Les populations occidentales ont tendance à consommer moins de calories et moins de graisses qu'en 1960 alors qu'elles grossissent régulièrement.

1.4 Les risques encourus

L'obésité est un facteur de risque majeur associé aux maladies comme l'hypertension artérielle, le diabète non insulinodépendant, les maladies cardiaques, le cholestérol, les apnées du sommeil, l'arthrose, l'infertilité…

2. Psychopathologie de l'obésité

Il existe plusieurs façons d'aborder la question de l'obésité : la psychogenèse de l'obésité, les facteurs psychologiques associés (angoisse, dépression, alexithymie...), l'image du corps (perçue par soi et dans le regard des autres), les effets de la stigmatisation sociale, le discours de la souffrance, le rapport à la nourriture, à la chirurgie correctrice.

2.1 Psychogenèse de l'obésité ?

En 1922, Henri Béraud écrit *Le Martyre de l'obèse* qui obtient le Goncourt. Même si le thème n'est pas le vécu de l'obésité, il y dépeint certaines des difficultés relevées par les psychologues. Considérer l'obésité comme un trouble psychologique répondant aux critères des névroses ou des états-limites, par exemple, est peu réaliste. Cependant, il reste probable que certaines obésités ne sont pas seulement des accidents organiques, mais qu'elles supposent une combinaison de facteurs somatiques et psychologiques, ces derniers n'étant pas forcément la cause primaire de l'obésité. Le courant psychosomatique a notamment essayé de montrer qu'il existait des « obésités psychosomatiques » (dans l'apparition ou l'évolution desquelles des facteurs psychologiques jouaient, en complément des éléments organiques, un rôle non négligeable).

> « Les rapports entre mère et fille, c'est là où ça pèche. C'est qu'il n'y a pas de fuite, il y a identification. Enfin, pour moi. Cette vie que ma mère avait était très frustrante. Elle ne vivait pas vraiment. Je voyais bien que ça n'allait pas, et je ressentais une espèce de mal solidaire. C'était : “Ma mère est malheureuse. Je ne veux pas que ma mère soit malheureuse.” J'aurais voulu qu'elle soit heureuse, mais j'étais impuissante. Donc il y avait une espèce de mal complémentaire. Je lui ressemblais dans cette douleur. Je me mettais moi aussi à grossir, à m'enlaidir. C'était une solidarité dans la détresse. Je me meurtrissais moi-même de la voir meurtrie. On grossissait toutes les deux, toutes les deux enfermées dans ce malheur. On mutilait nos corps ensemble. Et c'était peut-être une volonté de s'enfermer encore plus, de se

> choisir un autre enfermement quasi volontaire dans un corps que l'on choisit laid. C'est une espèce de refus presque provocateur qu'on affiche par le corps. C'est le dégoût du monde qu'on finit par transformer en dégoût de soi, un amer dégoût de soi qu'on balance à la figure des autres » (Sylvie Caster, journaliste, *in* Declerck et Lagier, 1981, p. 104-105).

a) Les conceptions psychosomatiques

Des auteurs (Dumet, 2002 ; Apfeldorfer, 1991 ; Leydenbach, 2003) ont défendu l'hypothèse *psychosomatique* de certaines obésités en se fondant sur les modes de pensée de ces sujets et sur le fait que le corps semble réagir là où l'on attendrait une réponse de nature psychique. Un mode de fonctionnement opératoire (caractérisé par une non-expression et une non-reconnaissance des émotions, un recours aux actes plus qu'à l'intériorisation, un rétrécissement important de la vie imaginaire : peu de rêves, de fantasmes) est présent chez ces personnes comme chez les patients psychosomatiques ; les affects suscités lors des conflits ou de situations d'impasse relationnelle ne sont pas reconnus, et se manifestent sous la forme d'actes (manger, grignoter) et non pas de représentations psychiques qui permettraient que ces affects soient exprimés.

L'obésité, provoquée par des conduites alimentaires et des désordres biologiques, serait donc liée à l'incapacité à « mentaliser » les conflits et les émotions qu'ils provoquent. Devant les événements, le corps réagit à la place du psychisme (par la *somatisation*). Au lieu d'une réaction psychique (représentations, images rêves, symptômes de type conversion, phobies, obsessions), le corps, ou le comportement, sont utilisés pour faire cesser le déplaisir et mettre en acte, dans la réalité, les difficultés : grignotage, hyperphagie, surdité ou aveuglement aux besoins du corps, auto-destructivité…

> *Greg, 52 ans*, pèse 110 kg pour une taille moyenne. Il n'a jamais présenté de difficultés psychologiques. Sa prise de poids a commencé à la mort de son frère aîné, il y a trois ans. Ce frère était son modèle et le précédait en tout, double idéalisé, mais avec lequel les rapports étaient parfois tendus. Greg se décrit comme une personne réservée, parlant

peu, pragmatique, ressentant peu ses émotions et celles des autres. Il se dit « homme qui agit » et ne perd pas son temps en « états d'âme ». La mort de son frère n'a produit chez lui aucune manifestation dépressive, aucune culpabilité, alors que le frère est décédé d'un problème cardiaque peu de temps après une dispute. Aucun élément de travail de deuil n'est présent depuis le décès. En revanche, il mange sans s'en rendre compte, et a grossi de 40 kg. La métaphore d'une « mélancolie somatique » suggère l'idée, en parodiant la formule de Freud, que « l'ombre de l'objet est tombée sur le corps ».

Nathalie Dumet (2002) tente cependant de sortir de l'impasse « déficitaire » que peut représenter l'hypothèse psychosomatique pour affirmer, en s'appuyant sur la clinique, que l'obésité peut avoir une fonction de production de symboles (« *symboligène* ») : « une manière de gérer et de symboliser – certes pas le biais des symptômes – des conflits génitaux, œdipiens au sein d'histoires et de relations affectives et familiales parfois bien troubles, conflictuelles et douloureuses ».

b) Développement et interactions

D'autres travaux, qui ne s'estiment pas psychosomatiques, adoptent une position proche. La théorie psychanalytique de la *fixation-régression* au stade oral a été évoquée pour rendre compte de l'avidité, mais aussi de la dépendance, de la passivité, des demandeurs d'amaigrissement. Mais on mesure que ce n'est pas seulement d'oralité qu'il s'agit ; la dimension anale de maîtrise, de conservation, est présente.

Hilde Bruch (1984) distingue deux types d'obésité : « *l'obésité de développement* », souvent associée à des troubles de la personnalité ou des émotions ; « *l'obésité réactionnelle* », survenant à la suite d'un traumatisme, souvent émotionnel. Elle attribue les troubles des obèses à une non-reconnaissance et une confusion des émotions, installées au cours de la prime enfance par une mère « gavante ». Puisque celle-ci interprète toute demande de l'enfant comme une demande de nourriture et n'oppose que cette seule réponse, l'enfant, devenu adulte, peut s'administrer cette forme de traitement consolateur ou simplement calmant, dans les états subjectifs qu'il ne sait pas reconnaître.

Même si ces données ne permettent pas de conclure à une psychogenèse, on a souvent mentionné des troubles du *narcissisme* comme des conséquences d'un défaut d'enveloppe psychique protectrice. Ces interprétations sont assez proches de celles formulées pour la boulimie ou les états-limites. Ainsi Apfeldorfer (1991), s'appuyant sur les travaux de Kestemberg *et al.* sur l'anorexie, rapproche le fonctionnement de certains obèses de celui des états-limites, évoquant le « passage à l'acte alimentaire » qui court-circuite la vie psychique et libère des tensions. Il postule un défaut dans la constitution de l'objet interne, une trop grande dépendance aux objets externes, ce qui produit un risque de séparation entre soi et non-soi, provoquant des angoisses d'anéantissement lors des séparations. Manger rétablit le sentiment de continuité de soi et d'intériorité.

2.2 Facteurs psychologiques associés à l'obésité ?

Les recherches tendraient à montrer que s'il n'y a pas de profil psychologique de l'obèse, certains éléments sont fréquents : dépression, anxiété, fragilité des limites, mauvaise estime de soi, isolement et repli sur soi, pensée opératoire, agressivité, conduites addictives…

a) Les troubles de l'humeur

La vie affective et émotionnelle est souvent dominée par des sentiments dépressifs ou anxio-dépressifs, qui confinent parfois au rejet dépressif de soi (« Je déteste mon corps, je ne peux plus me voir, je me dégoûte, je ne peux plus me regarder dans la glace, je suis difforme… »). Des idées suicidaires apparaissent aussi, redoublées par les pensées négatives sur soi et son corps. La triade cognitive de Beck (impuissance, perte d'espoir, dévalorisation) se renforce de l'insatisfaction liée à l'obésité, de l'échec à endiguer le comportement.

b) L'anxiété

Le lien entre obésité et anxiété est manifeste. Les mécanismes à l'origine de cette association sont multiples : la frustration par manque de verbalisation, la discrimination à l'origine d'un stress induisant des symptômes de type anxieux, le style de vie peu actif, propice à l'attente du pire, donc à l'apparition de troubles anxieux. Les compulsions alimentaires, en réponse à l'anxiété, sont en mesure de favoriser la prise pondérale. L'anxiété se traite avec la prise de nourriture.

c) L'alexithymie

Des travaux ont montré que *l'alexithymie* (formulation comportementale et cognitive de la pensée opératoire) est une donnée fréquente (Mariage *et al.*, 2008). Si l'on retrouve bien chez certains obèses un mode de fonctionnement alexithymique (difficulté à reconnaître, exprimer ses émotions ; cf. Pedinielli, 1992), cet élément ne se rencontre pas chez tous, et peut apparaître après la prise de poids (alexithymie secondaire). L'alexithymie consiste en ce que les émotions – qui peuvent être suscitées par les conflits, les impasses mais aussi les situations positives – ne sont pas reconnues. On peut estimer que la non-reconnaissance des émotions, couplée au recours au grignotage pour affronter le déséquilibre psychique, la souffrance, non reconnus, pourrait être en cause dans certaines obésités. Mais cette hypothèse, très proche de la psychosomatique, doit être complétée par l'existence d'une alexithymie qui pourrait être secondaire à l'obésité et permettrait de se protéger contre les souffrances occasionnées par la condition d'obèse.

d) Les troubles de l'image du corps

Le concept est difficile, car il désigne autant la représentation consciente du corps que les images inconscientes du corps qui se structurent à partir de la pulsion, du stade du miroir, de l'idéalisation de soi, de l'érogénéité… Cette *image inconsciente*, travaillée par Schilder, Pankow, Dolto, Sami Ali, ne se réduit évidemment pas à la représentation consciente du corps, ni aux sensations.

Pour certains obèses, il est possible que l'image inconsciente du corps soit, depuis l'enfance, perturbée dans ses fonctions de synthèse de l'identité subjective. La littérature rapporte ainsi des cas dans lesquels le sens du corps est perdu et l'image demeure sous la dépendance de la mère : pour préserver ses limites, il faut se remplir, le poids, la surface, faisant ainsi « tenir » l'image du corps et opérant une suppléance au morcellement corporel ou à des formes de dissociation (*Spaltung*) de l'image du corps.

Mais ce n'est pas la situation la plus fréquente. La plupart des obèses disent se sentir mal dans leur corps, en souffrir, le détester… Leur représentation consciente est négative et perturbée, y compris dans les attitudes quotidiennes. Il est difficile de voir certaines parties de son corps par exemple. Certains agissent comme s'ils étaient minces ; d'autres ne repèrent pas leur volume ; d'autres encore rejettent leur corps qu'ils évitent de montrer, qu'ils croient négativement jugé par les autres. Prenant appui sur le rejet social, ils expriment indirectement leur propre perception péjorative de leur corps en se méfiant du regard des autres (à la limite parfois de la phobie sociale) ou en se dissimulant. Ils laissent alors l'impression que leur corps les représente, qu'il les résume et que le Moi se confond avec le corps (cf. le cas de Greg *infra*, et Dumet, 2008).

> « Je deviens grosse. Je deviens moche. Je n'ose plus sortir. Je ne vois plus personne… Je deviens vraiment affreuse. J'ai les cuisses qui se touchent entre les jambes. Ça fait deux plaques souffrantes qui se frottent à chaque fois. Je bouge le moins possible. Je reste sur mon lit. À manger sans plaisir, sans faim, de gros morceaux de pain pleins de beurre. Beaucoup de beurre, davantage de beurre. Dans ma chambre, je mets une vieille robe lâche. Mon ventre retombe avec trois plis. J'ai la marque de mes habits trop serrés, taillée à vif dans la peau. J'arrive presque à me détester autant qu'elle (sa mère) ne m'aime pas. Et quand je descends de ma chambre, je porte mon imperméable en plein mois d'août. Pour cacher, je le crois, le trop de gras, le trop de peine, le trop lourd à porter de soi. Tellement de dégoût. » (S. Caster, *Les Chênes verts*, Declerck, Lagier, 1981, p. 64)

e) Les autres composantes

On a aussi rapporté la présence d'autres phénomènes psychologiques. L'utilisation de produits destinés à couper la faim (dérivés des amphétamines), ou permettant une élimination (laxatifs), peut entraîner des *dépendances* physiques et/ou psychologiques. Les difficultés à exercer une profession, à mener une vie identique à celle des autres renforcent l'isolement, les problèmes de communication et la dévalorisation, le sentiment de honte et la sensibilité aux jugements des autres. Parfois, des réactions *agressives* surviennent, liées à cette impression d'être « jugé », rejeté. Cette agressivité est parfois aussi surdéterminée par la composante « sadique anale » du caractère, maintes fois soulignée dans les vignettes cliniques.

Comme pour la boulimie, et sans que ce soit une constante, on retrouve une surreprésentation de personnes ayant, dans leur enfance, été victimes de *maltraitances* – dont d'abus sexuels. Se faire une enveloppe corporelle, une carapace tant physique que psychique, tenter de ne plus être un objet de désir, pourrait être des formes de réactions protectrices et salvatrices.

f) Les conditions de vie

L'ensemble de la « condition d'obèse » se traduit par une altération globale de la qualité de vie sur tous les plans : conjugal, familial, professionnel, interpersonnel, social... Cette altération peut entraîner progressivement de véritables invalidations dans une ambiance sociale et culturelle peu tolérante et dans laquelle la souffrance de l'obèse est autant générée par le vécu de la situation corporelle que par les conséquences sociales et le sort réservé à l'obésité. Mais les difficultés proviennent aussi des tentatives et échecs répétés d'amaigrissement : espoir, déception, dépression, résolution, espoir... se succèdent dans une boucle difficile à rompre. La douleur est avivée par les sentiments de culpabilité, d'insuffisance, d'incapacité, retirés de ces échecs répétés... et des confrontations avec les proches et les soignants dont le discours peut laisser entendre – ou dire – que l'obèse ne veut pas maigrir.

2.3 La stigmatisation

La société n'est pas tendre avec l'obésité, pas plus que le patient lui-même. Elle a, dans le regard social, deux composantes : le poids, le volume, l'allure du corps, et ce qui pourrait produire l'obésité : la consommation orale, excessive, gloutonne que l'obèse serait impuissant à réfréner. L'image est loin d'être positive, et remplace peu à peu le stéréotype du « bon gros jovial ».

La notion de *stigmatisation* a été forgée par Goffman pour désigner un processus social discréditant un individu (sur la base de son allure, de ses traits psychologiques ou de son appartenance), un groupe, une communauté, les faisant apparaître comme anormaux, déviants. Sur un plan psychopathologique, la stigmatisation de l'obèse pose un double problème : celui du rapport au regard des autres, et celui des effets subjectifs de ce discrédit, parfois associé à des conduites de rejet.

a) Le regard des autres

La question du *regard* de l'autre pose toujours (Sartre, Lacan) celle de la réduction du sujet à ce qui est vu de lui, à sa *réification* (le traiter comme une chose), mais aussi à la faillite du symbole. En effet, le regard, au sens propre, n'a pas de signification particulière si rien n'est dit, si aucun symbole n'apparaît. Le « regard de l'autre » auquel est confronté l'obèse est à la fois, employé *métaphoriquement*, comme l'ensemble des images sociales, plutôt négatives, véhiculées sur l'obèse, les pratiques qui en découlent (rejet, propos négatifs) et le regard proprement dit rencontré au hasard de la vie quotidienne. Ce regard proprement dit est *interprété* par le sujet obèse, en fonction, aussi, de ses propres croyances ; dans ce cas, il lit dans le regard de l'autre ce que, lui, l'obèse, pense de lui-même. Par projection, ses sentiments de dévalorisation sont attribués aux regards des autres.

> *Michèle* nous dit : « On grossit quand on ne s'aime pas, quand on pas d'affection pour soi. Celle des autres, c'est nécessaire, mais il faut autre chose. Je n'étais pas aimable, d'abord pour moi, alors pour les autres… J'appréhendais de me regarder dans un miroir. Il fallait que je me mette sous le meilleur angle quand j'étais chez moi, comme les acteurs… sauf que moi, c'était plutôt la méduse que le top-modèle… Il paraît que certaines se trouvent grosses, c'est incroyable quand même ! Dans les boutiques, j'essayais de me tenir dans l'ombre. L'horreur pour essayer un vêtement… Je croyais que la vendeuse me méprisait, me jugeait,

> me scrutait pour voir tous les défauts... Et puis, une fois, j'ai compris qu'elle ne me regardait même pas. Elle s'ennuyait, elle regardait la rue avec cet air ennuyé, ce n'était même pas moi qu'elle regardait. La dictature de la beauté, l'apologie du beau... c'est quoi ? On finirait par se détruire pour une image après laquelle tout le monde court. Mais moi, je suis dans le peloton de queue. »

Certes, le regard des autres ne rend pas obèse, mais il contribue à renforcer la personne dans une perception négative d'elle-même, une perte de sens, de statut de sujet, ou donne forme à l'agressivité interne, à la violence contre soi, présente chez toute personne. Être réduit à son volume, à son poids et à son allure corporelle est une forme de *désubjectivation* (ne plus être conçu comme un sujet) douloureuse.

b) Les formes de stigmatisation

Il existe deux aspects dans la stigmatisation, l'une liée à *l'apparence*, l'autre prêtée au *caractère* de l'obèse (Stunkard, 1976), stigmatisation à laquelle participent, involontairement, les travaux sur la « psychologie », la « personnalité » ou le« caractère » de l'obèse.

Les attitudes négatives à l'égard de l'obèse sont représentées par les difficultés professionnelles (discrimination à l'embauche, salaires inférieurs, carrières moins valorisées), économiques (attitudes des assurances, de certaines compagnies de transport), sociales (absence d'équipements spécifiques), scolaires (sort des enfants obèses à l'école), relationnelles (moins d'obèses arrivent à vivre en couple), culturelles (peu de représentation des obèses parmi les « élites » ou les personnes en vue : journalistes, acteurs, présentateurs de télévision). Les femmes seraient encore plus victimes de stigmatisations que les hommes.

Une des stigmatisations les plus fréquemment rapportées concerne les *professionnels de santé*. Dans certaines études, 75 % des sujets obèses rapportent avoir eu le sentiment d'être rejetés, voire maltraités par des professionnels de santé, qu'il s'agisse de spécialistes de l'obésité ou de consultations médicales de routine : « On ne grossit pas tout seul, soyez moins vorace ! » ; « vous n'avez qu'à maigrir, et tout ira mieux » ; « comment voulez-vous que je trouve votre veine avec toute cette graisse ? » À cette stigmatisation, répondent des mouvements *communautaires* revendiquant le poids comme un lien social et s'affirmant contre les stéréotypes sociaux et médicaux. Il existe aux États-Unis des mouvements revendicatifs de *Size Acceptance*, mais aussi des modules d'enseignement et de recherche : les *fat studies*.

L'art exprime aussi cette révolte contre les canons de la beauté. Desprats-Pequignot (2008) a montré les particularités de certaines *peintures*. Dans le passé, « l'expansion des chairs, leur excès adipeux, témoignait d'un triomphe sur la pauvreté, la famine, la maladie ou la mort, toutes menaces et impouvoirs évoqués par les corps qui n'ont que "la peau sur les os", qui sont réduits à un "sac d'os". Un signe aussi d'un appétit de "bon vivant", pensons à Gargantua, et d'une gourmandise des sens et des plaisirs de la chair, de sa luxuriance, ainsi les nus féminins de Rubens, ou plus proches dans le temps, les belles "plantureuses" de Renoir ou de Maillol, et plus récemment les femmes felliniennes d'*Amarcord* ou du *Satyricon* » (p. 43).

À l'époque actuelle, toutefois, deux modèles corporels sont présents. Le premier (« corps phallique ») est un « idéal plastique » qui amplifie, exagère, déplace certaines formes corporelles. Les acteurs comme Stallone, Schwarzenegger, mais aussi Pamela Anderson, Lolo Ferrari évoquent ce corps (*ibid.*, p. 45). Le second modèle est celui de « l'informe » que l'on retrouve dans l'anorexie : idéal d'un corps d'abrasement et d'asexuation, corps impubères, « érection longiligne d'une silhouette androgyne » (*ibid.*).

Pour en arriver là, les corps doivent être domptés, maîtrisés, transformés, opérés... Et l'obésité apparaît en contradiction avec ces modèles visant à se forger un corps qui corresponde aux idéaux médicaux, culturels, esthétiques... L'obésité en arrive à « créer des corps indomptés, incontrôlés, des corps lascifs, opulents, débordants, voire pousser le corps jusqu'à l'extrême limite de ses capacités d'extension, d'expansion, de prolifération » (*ibid.*, p. 46).

Cette position de rupture est évoquée par des représentations picturales particulières. La peinture de Lucian Freud (petit-fils de Freud !), de Jenny Saville produit des corps bouffis, obèses, une « masse charnelle impudique » qui offre une rupture avec les canons actuels de la beauté et de la femme, une contestation, mettant en avant le retour à la « Grande Mère ». Certaines obésités pourraient aussi exprimer ce refus.

2.4 Psychanalyse et obésité

Ici encore, les discours analytiques sont assez restreints, et une « psychanalyse de l'obésité », si elle était conçue comme « psychogenèse de l'obésité », n'aurait pas grand sens. Les analystes rencontrent des obèses, soit dans des fonctions de consultant hospitalier, soit lorsqu'un patient vient en cure, pas toujours pour son obésité, d'ailleurs.

Pour un analyste, l'obésité pose la question de ce qui fait (ou a fait) manger, des rapports entre le sujet et son corps, de son désir, et de ce qui concerne le traitement de l'obésité. On conçoit alors que, même si l'obésité n'est pas réductible à l'anorexie et/ou la boulimie, les mêmes interrogations apparaissent : la fixation à l'oralité, les positions sadiques-anales, dans une hypothèse de fixation-régression, sont évoquées, mais demeurent sans grande portée. Le rapport au désir maternel de gavage, le passage à l'acte alimentaire pour faire cesser la souffrance psychique ou les émotions non reconnues, la fonction défensive, la recherche des limites corporelles, contenant sécurisant, étayage… ont également été mentionnés au gré des situations cliniques. Mais l'obésité n'est pas une structure (comme la névrose, la psychose ou la perversion) ; c'est une manifestation de souffrance dont il faut rendre compte.

Pour Grangeard (2007, 2008, 2010), l'obésité est la conséquence d'un signal non interprété psychiquement, d'une pulsion, d'une envie irrépressible, répétée. Ici encore, la pulsion, les désirs, se rabattent sur le besoin. Ce fonctionnement d'ingestion, loin de répondre à un fantasme de dévoration qui serait articulé au sexuel, se situe au plus près de la réalité, opérant de manière inaperçue, sans réellement de plaisir : il s'agit de combler, sans fin (et sans faim ! ni satiété). Mais tout le monde n'est pas entraîné vers une telle pathologie. Sans doute, la composante orale exerce-t-elle une attractivité du fait des rapports avec la mère, mais c'est le rapport insupportable au *vide* (et non pas au manque) qui inaugure la position de l'acte alimentaire de l'obèse.

Pour que le vide soit présent et insupportable, il faut évidemment considérer que quelque chose est en impasse dans la relation à l'autre. Dans une logique proche, Desprats-Pequignot (2008) évoquait le « *corps en-plus* » que peut rechercher l'obèse.

3. Les thérapeutiques

Le traitement de l'obésité associe des interventions diverses dans lesquelles les méthodes psychologiques sont un des éléments : les régimes, l'activité physique, des médicaments (en grande discussion actuellement et controversés), des interventions psychologiques et, depuis quelques années, la chirurgie bariatrique (pose d'anneau gastrique, intervention sur l'estomac de type « *by-pass* » ou « *sleeve* » réduisant le trajet). Pour ces techniques, le protocole requiert une consultation psychologique et/ou psychiatrique (Dolhem-Campoli, 2007 ; Maréchal, 2005).

3.1 La consultation psychologique

Les entretiens d'évaluation préalables à la chirurgie sont principalement destinés à repérer les contre-indications psychiatriques à l'intervention, et sont réalisés par des psychiatres. Les contre-indications sont multiples : schizophrénie, addiction, trouble de l'humeur sévère, boulimie, retard mental (absence de possibilité de donner un consentement éclairé), troubles anxieux non stabilisés, antécédents de troubles psychotiques francs… Des évaluations psychologiques sont recommandées, et visent à apprécier la motivation de la personne, sa capacité à supporter la future restriction alimentaire, les différentes conséquences de l'intervention sur sa qualité de vie et la représentation de soi. Mais ces consultations sont aussi le moment où certains obèses livrent leurs angoisses, leurs attentes, voire leurs illusions et craintes sur les effets de l'intervention. Elles représentent parfois de véritables consultations thérapeutiques.

En laissant la parole au patient obèse, ce dernier a la possibilité de se restituer comme sujet de son discours, là où il est « objectivé » par la médecine. Plusieurs éventualités apparaissent.

1) Le patient attend tout de l'intervention bariatrique, comme s'il était extérieur au problème : « J'ai une maladie, c'est l'obésité, je n'y peux rien, le chirurgien va me rendre normal... » Cette absence d'implication l'exclut de son trouble.

2) Le patient exprime dans la consultation, de manière incontrôlable et gênée, son désarroi et sa souffrance liés à sa condition d'obèse et à ses démêlés avec le social. L'intervention représente une solution aux affres psychologiques, comme si tout dépendait du poids.

3) Le patient rapporte une croyance quasi « magique » (Dolhem-Campoli, 2007) en l'intervention chirurgicale. Comme dans d'autres demandes d'intervention (chirurgie esthétique, par exemple), il semble confondre le corps et le Moi. Pour lui, l'intervention va le changer radicalement, y compris pour ce qui concerne d'autres dimensions que l'obésité (« volonté », « caractère », « envies »...). Cette « transformation chirurgicale de soi » laisse de côté tout travail nécessaire sur soi, du moins dans un premier temps, et prélude une déception, une désidéalisation, après l'intervention.

4) L'opération ne correspond pas à *sa* demande, mais il se conforme aux souhaits des autres (famille, médecins, entourage). Cette identification au désir des autres le met parfois en grande difficulté subjective.

5) Ces entretiens sont parfois le premier contact avec quelqu'un qui *écoute*. Perçus d'abord comme une épreuve décidant de la possibilité d'intervention, ils deviennent une première expérience de la parole libre où le sujet peut raconter son histoire, celle de son obésité, et affirmer la manière singulière dont il la perçoit en évoquant ce que désignent pour lui les mots « obèse », « obésité », « maladie »...

3.2 Les psychothérapies

Les thérapies les plus fréquemment proposées sont les thérapies cognitivo-comportementales (TCC), mais les thérapies familiales ou celles d'inspiration psychanalytique sont également présentes.

a) Les thérapies cognitivo-comportementales

Les troubles du comportement alimentaire sont liés à des schémas cognitifs dysfonctionnels aboutissant à des compulsions et à des difficultés psychologiques et relationnelles favorisant les excès alimentaires. La perte de poids n'est pas un but en soi, mais elle découle d'une prise de conscience et de changements dans les pensées et le comportement. Différentes techniques sont utilisées : l'information diététique et la neutralisation des croyances erronées, le carnet alimentaire, le contrôle du stimulus déclencheur, les méthodes d'exposition, la thérapie des schémas, l'entraînement aux habiletés sociales, l'affirmation de soi, la relaxation. Selon le patient, une ou plusieurs techniques sont choisies. Ces modules ne constituent pas une méthode qui fasse maigrir, mais un moyen d'aborder les difficultés du patient. Les TCC lui permettront de rompre les croyances et les comportements qui déterminent les réponses alimentaires inappropriées lorsqu'il est confronté à des difficultés sociales, relationnelles, émotionnelles, psychologiques… La réduction du poids, liée à l'efficacité des mesures médicales, peut alors advenir.

Parmi les modalités techniques on peut citer :

1) *L'analyse des situations* provoquant des excès alimentaires. On considère que manger est une *réponse apprise* qui a été associée à des situations particulières : stress, conflits, chagrins, angoisses… La réponse alimentaire doit être remplacée par d'autres séquences, mieux adaptées. Après une exploration et une recension des problèmes rencontrés, des outils seront proposés : techniques d'affirmation de soi et de jeu de rôle, thérapie cognitive, méthodes de relaxation.

2) Le travail sur les *schémas cognitifs* repose sur l'analyse des pensées qui accompagnent l'activité alimentaire. Consommer des aliments interdits est angoissant, et entraîne un sentiment de culpabilité. On peut alors demander au patient de repérer ses pensées et de noter le discours intérieur qui apparaît : craintes paniques de grossir, pensées négatives, sentiments de dévalorisation, idées de faute et de péché. Ces pensées sont ensuite travaillées et désactivées.

3) Le travail sur la situation d'alimentation permet de modifier l'importance des *stimuli* et des *renforcements*. On aide le patient à ralentir la vitesse des prises alimentaires, à les planifier, à établir une distanciation par rapport à ces prises, et à diminuer les occasions de perte de contrôle. Il s'agit là d'une approche plus comportementale qui modifie les réponses automatiques.

b) La question de la psychanalyse

L'obésité nous place devant deux axes : d'une part, les facteurs psychologiques concourant à la production et au maintien de l'obésité, voire aux échecs thérapeutiques ; d'autre part, l'assomption des effets de l'obésité (stigmatisation, représentation de soi et du corps) et de ses traitements. Les analystes reçoivent bien des patients obèses venus avec une demande manifeste de comprendre et modifier leur comportement, ou apportant une tout autre demande que leur poids. Il ne saurait cependant être question de voir dans la psychanalyse un traitement de l'obésité.

Dès lors que l'obésité devient une raison de souffrance, une énigme, l'objet d'une demande thérapeutique, elle peut représenter un *symptôme* sur lequel se déplacent différentes chaînes inconscientes. Renoncer à ce symptôme n'est pas chose facile, même si, pris par la rationalité, le patient met en œuvre les moyens pour faire cesser l'obésité, d'autant que le symptôme permet au sujet de dire sa vérité, sans qu'il soit à même de la reconnaître. Les multiples difficultés et échecs des traitements de l'obésité peuvent aussi être entendus à ce niveau. Grangeard exprime bien ce dilemme : « Quand une personne dit : “Est-ce que je vais me reconnaître si je change complètement de silhouette ?”, je crois qu'il faut l'entendre comme une crainte d'être autre à soi-même, se perdre, s'y perdre, et que ceci n'est ni vraiment désiré ni désirable. Au risque de décevoir dans un premier temps : “Non, totalement changer.” Et de *rassurer* sur le fond » (2010, p. 149).

Il est patent que chez certains sujets, la question du manque (au sens psychanalytique), la confusion besoin-désir, la structuration difficile de l'image du corps, l'accès à l'imaginaire, les figures du vide… sont sous-jacents au comportement d'excès alimentaires, voire de passages à l'acte répétés. La psychanalyse représente alors un moyen essentiel d'interroger ce rapport impossible au manque constitutif du désir qui, chez eux, disparaît derrière l'assouvissement d'un besoin constant de manger. Chez d'autres, ce sont les questions de la séparation, de l'absence, de la perte qui seront au centre du travail en ce qu'elles conditionnent par leur échec un refuge dans la nourriture, le poids, la destructivité. Chez d'autres encore, le problème de l'identité sexuelle (cf. le féminin mélancolique de Vargioni), de la sexualité vient au centre de la cure, l'obésité représentant un moyen d'éviter l'angoisse qu'elles suscitent.

La question du poids, du « maigrir », n'est pas toujours au premier plan du discours du patient, et l'analyste évite de le focaliser sur ces aspects concrets, en respectant son discours et son temps psychique et en lui permettant de se dégager de la démarche originale d'exigence de perdre du poids et de se rendre compte que, dans la cure, on en perd d'autant plus que l'on ne se crispe pas sur lui et que l'on peut parler d'autre chose (cf. Apfeldorfer).

Conclusion

Ce que nous nommons « troubles des conduites alimentaires » ne résume pas toute la symptomatologie qui touche à l'alimentaire. D'autres troubles existent, que nous n'avons pas abordés parce que les classifications (syndromiques ou psychopathologiques) les situent ailleurs. Il en va ainsi des multiples phobies alimentaires (dont la très rare *carpophobie* : peur des fruits), des vomissements psychogènes, de la *pica* (ingestion de substances non alimentaires : terre, craie, peinture, sable…), de la *sitiophobie* (crainte délirante d'être empoisonné), du *mérycisme* (régurgitation et remastication des aliments), de *l'orthorexie* (terme et trouble contestés, désignant l'obnubilation sur la consommation d'une alimentation *saine*), sans oublier les multiples thèmes délirants d'avalement du monde ou son inverse, et certaines perversions orales (coprophagie, « soupeurs »…).

Anorexie, boulimie et obésité sont des formes de souffrance distinctes, mais qui peuvent se combiner et aussi se disjoindre. Troublantes proximités et continuités se révèlent au gré de la clinique : les boulimiques ou les obèses qui rêvent d'être anorexiques côtoient les anorexiques qui luttent contre la boulimie et se croient ou se voient obèses… mais toutes (et tous) sont des affamées en lutte contre la nourriture et ce qu'elle représente. La « fétichisation » de la nourriture apparaît au long des témoignages, des blogs, des consultations : photos et recettes, comptage des calories, dénonciation de la nourriture, symbole d'un monde angoissant et décrié. L'expérience corporelle, confondant « corps-que-j'ai » et « corps-que-je-suis », corps libidinal et corps biologique, est omniprésente : le corps est dangereux, à maîtriser, à tenir en respect, à cacher ou à revendiquer dans une crudité extrême.

Les lectures psychopathologiques, elles aussi, retrouvent des éléments, des mécanismes, des processus communs. Ces formes de souffrance ne sont pas des « structures ». Ni névroses, ni psychoses, ni perversions, ni même états-limites, elles sont transversales, peuvent coexister avec chacune, et s'y superposer. L'axe narcissique, imaginaire, spéculaire, tient la place maîtresse évoquant l'absence du symbole et la réduction du désir au besoin (oral), du libidinal au biologique, du corps au sac ou au tube. La parole fait défaut ou ne porte pas ; elle est impuissante à endiguer le comportement. Pourtant, les témoignages rétrospectifs des sujets montrent que, par leurs actes, ils disent quelque chose, sans très bien le savoir sur le moment, et que, dans l'après-coup, leur discours affirme combien ils questionnent le culturel, la relation à l'autre et le sens accordé au corps dans une société qui détruit plus qu'elle ne crée, répétant l'inlassable mouvement de l'incorporation destructrice, qu'elle rejette les déchets comme dans le vomissement, les conserve comme dans l'obésité, ou tente de leur échapper comme dans l'anorexie.

Bibliographie

ABRAHAM K. (1915-1925), *Œuvres complètes,* t. 2. Paris, Payot, 1989.

ACADÉMIE NATIONALE DE MÉDECINE, *Rapport du 19 mars 2002.*

AMIGO, S. (2006), « Manger rien », *Figures de la psychanalyse*, Paris, n° 13, p. 109-131.

APFELDORFER G. (1991), *Je mange donc je suis. Surpoids et troubles du comportement alimentaire*, Paris, Payot.

AULAGNIER P. (1979), *Les Destins du plaisir*, Paris, PUF.

BALASC C. (1990), *Désir de rien. De l'anorexie à la boulimie*, Paris, Aubier.

BÉRAUD H. (1922), *Le Martyre de l'obèse*, Paris, Albin Michel.

BERDAH C. (2010), « Obésité et troubles psychopathologiques », *Annales médico-psychologiques*, Paris, n° 168, p. 184-190.

BONNET A., PEDINIELLI J.-L. (2010), « Processus et subjectivité dans l'addiction », *Psychologie française*, Paris, vol. 55, n° 4, p. 325-339.

BRUCH H. (1977), *Les Yeux et le Ventre*, Paris, Payot, 1994.

BRUCH H. (1984), *Conversation avec des anorexiques*, Paris, Payot, 2005.

BRUSSET B. (1977), *L'Assiette et le Miroir. L'anorexie mentale de l'enfant et de l'adolescent*, Toulouse, Privat.

BRUSSET B. (1991), « Psychopathologie et métapsychologie de l'addiction boulimique », *in* BRUSSET B., COUVREUR C. (dir.), *La Boulimie*, Paris, PUF.

BRUSSET B. (1998), *Psychopathologie de l'anorexie mentale*, Paris, Dunod.

CALAM R.M., SLADE D.S. (1989), "Sexual experience and eating problems in female undergraduates", *Int. J. Eat. Disor.*, 8: 391-397.

CÉLÉRIER M.-C. (1977), « La boulimie compulsionnelle », *Topique*, Le Bouscat, n° 18, p. 95-115.

CÉLÉRIER M.-C. (1990), « Anorexie mentale ou maladie d'emprise », *Revue de médecine psychosomatique*, Le Bouscat, n° 23, p. 83-96.

CÉLÉRIER M.-C. (2003), « La boulimie compulsionnelle revisitée », *Champ psychosomatique*, Le Bouscat, n° 29, p. 43-55.

COOK-DARZEN S. (2002), *Thérapie familiale de l'adolescent anorexique. Approche systémique intégrée*, Paris, Dunod.

CORCOS M. (2000), *Le Corps absent*, Paris, Dunod.

CORCOS M. (2009), *La Terreur d'exister*, Paris, Dunod.

CORCOS M. (2011), *Le Corps insoumis*, Paris, Dunod.

COUVREUR C. (1991), « Sources historiques et perspectives contemporaines », *in* BRUSSET B., COUVREUR C. (dir.), *La Boulimie*, Paris, PUF.

DECLERCK M., LAGIER J. (1981), *La Nourriture-névrose*, Paris, Denoël.

DESPRATS-PÉQUIGNOT C. (2008), « D'obésité en performances de corps », *Champ psychosomatique*, Le Bouscat, vol. 51, n° 3, p. 43-56.

DOLTO F. (1984), *L'Image inconsciente du corps*, Paris, Seuil.

DOLHEM-CAMPOLI C. (2007), « L'évaluation psychologique des patients demandeurs d'un anneau gastrique : quelle place pour le sujet ? », *Éthique et Santé*, Paris, vol. 4, p. 102-105.

DOR J. (2002), *Introduction à la lecture de Lacan*, Paris, Denoël.

DSM-IV Cas cliniques, Paris, Masson, 1997.

DSM-IV-TR, Paris, Masson, 2003.

DUMET N. (2002), *Clinique des troubles psychosomatiques. Approche psychanalytique*, Paris, Dunod.

DUMET N. (2002), « La différence incarnée. Réflexions psychosomatiques sur un phénomène étrangement familier : l'obésité », *Cahiers de psychologie clinique*, Paris, vol. 18, n° 1, p. 29-44.

DUMET N., PORTE P. (2008), « Quand l'ombre de l'objet perdu est tombé sur le corps du sujet... Deuil, somatisation et incorporation », *Cahiers de psychologie clinique*, Paris, vol. 30, n° 1, p. 129-145.

FAIRBURN C.G. (2008), *Cognitive Behavior Therapy and Eating Disorders*, New York, Guilford Press.

FAIRBURN C.G., SHAFRAN R., COOPER Z. (1999), "À cognitive behavioural theory of anorexia nervosa", *Behaviour Research and Therapy*, n° 37, p. 1-13.

FAIRBURN C.G., WELCH S.L., DOLL H.A., DAVIES B.A., O'CONNOR M.E. (1997), "Risk factors for bulimia nervosa. À community-based case-control study", *Arch. Gen. Psychiatry*, n° 54, p. 509-517.

FISCHLER C, (1990), *L'Homnivore*, Paris, Payot.

FREUD A. (1936), *Le Moi et les mécanismes de défense*, Paris, PUF, 2001.

FREUD S. (1892-93), « Un cas de guérison hypnotique avec des remarques sur l'apparition de symptômes hystériques par la "contre volonté" », in *Résultats, Idées, Problèmes*, Paris, PUF, 1984.

FREUD S. (1895), « Esquisse pour une psychologie scientifique », in *La Naissance de la psychanalyse, 1887-1902*, Paris, PUF, 1956.

FREUD S. (1900), *L'Interprétation des rêves*, Paris, PUF, 1973. FREUD S. (1905), *Trois essais sur la théorie de la sexualité*, Paris, Gallimard, 1962.

FREUD S. (1914), « Pour introduire le narcissisme », in *La Vie sexuelle*, Paris, PUF, 1969.

FREUD S. (1915), « Deuil et mélancolie », in *Métapsychologie*, Paris, Gallimard, 1968.

FREUD S. (1915), « Pulsion et destin des pulsions », in *Métapsychologie*, Paris, Gallimard, 1968.

FREUD S. (1925), « La négation », in *Résultats, Idées, Problèmes. II (1921-1938)*, Paris, PUF, 1985.

FREUD S. (1929), *Malaise dans la civilisation*, Paris, PUF, 1978.

GOODMAN A. (1990), "Addiction: definition and implications", *British Journal of Addictions*, 85: 1403-8.

GRANGEARD C. (2010), "Vers une psychanalyse de l'obésité », *La Clinique lacanienne*, Paris, vol. 18, n° 2, p. 141-150.

GRANGEARD-POLARD C. (2008), « Obésité mentale ? », *La Clinique lacanienne*, Paris, vol. 13, n° 1, p. 129-146.

GRANGEARD C. (2007), *Obésités. Le poids des mots, les maux du poids*, Paris, Calmann-Lévy.

GREEN A. (1983), *Narcissisme de vie, narcissisme de mort*, Paris, Minuit.

GREEN A. (1993), *Le Travail du négatif*, Paris, Minuit.

GUTTON P. (1984), « Pratiques de l'incorporation », *Adolescence*. Le Bouscat, vol. 2, n° 2, p. 315-338.

HASTINGS T., KERN J.M. (1994), "Relationships between bulimia, childhood sexual abuse, and family environment", *Int. J. Eat. Disor.*, 15: 103-110.

HEIMANN P. (1980), *Développement de la psychanalyse*, Paris, PUF.

IGOIN L. (1979), *La Boulimie et son infortune*, Paris, PUF.

JEAMMET P. (1985), *L'Anorexie mentale*, Paris, Doin.

JEAMMET P. (1990), *Les Destins de l'auto-érotisme à l'adolescence. Adolescence terminée, adolescence interminable*, Paris, PUF.

JEAMMET P. (1991), « Dysrégulations narcissiques et objectales dans la boulimie », *in* BRUSSET B., COUVREUR C. (dir.), *La Boulimie*, Paris, PUF.

JEAMMET P. (2004), *Anorexie boulimie*, Paris, Hachette.

JEAMMET P. (2005), *Anorexie, boulimie. Maladies du paradoxe*, Paris, Hachette.

KESTEMBERG E., KESTEMBERG J., DECOBERT S. (1972), *La Faim et le Corps*, Paris, PUF, 1983.

KLEIN M. (1921-1945), *Essais de psychanalyse*, Paris, Payot, 1968.

LACAN J. (1938), « Les complexes familiaux dans la formation de l'individu », in *Autres écrits*, Paris, Seuil, 2001.
LACAN J. (1956-1957), *Le Séminaire, Livre IV : la relation d'objet*, Paris, Seuil, 1994.
LACAN J. (1961), *Le Séminaire, Livre VIII : le transfert*, Paris, Seuil, 1994.
LACAN J. (1971-1972), *Le Séminaire, Livre XIX : le savoir du psychanalyste*, Paris, Seuil, 1974.
LACAN J. (1972-1973), *Le Séminaire, Livre XX : encore*, Paris, Seuil, 1975.
LAMBOTTE M.-C. (1993), *Le Discours mélancolique*, Paris, Anthropos.
LE BARZIC M., POUILLON M. (1998), *La Meilleure Façon de manger*, Paris, Odile Jacob.
LE BRETON D. (1990), *Anthropologie du corps et modernité*, Paris, PUF.
LE BRETON D. (2004), *Des visages. Essai d'anthropologie*, Paris, Métailié.
LE BRETON D. (2006), « La sexualité en l'absence du corps de l'autre : la cybersexualité », *Champ psychosomatique*, Le Bouscat, vol. 43, n° 3, p. 21-36.
LELEU P. (1999), *Sexualité et Internet*, Paris, L'Harmattan.
LEYDENBACH T. (2003), « Le beau et le vrai. Essai sur un cas d'obésité », *Champ psychosomatique*, Le Bouscat, n° 29, p. 57-69.
LOCK J., LE GRANGE D., AGRAS W.-S., DARE C. (2001), *Treatment manual for anorexia nervosa*, New York, The Guilford Press.
MACLEOD S. (1981), *Anorexique*, Paris, Aubier.
MCDOUGALL J. (2004), « L'économie psychique de l'addiction », *Revue française de psychanalyse*, Paris, vol. 68, n° 2, p. 511-527.
MCDOUGALL J. (1978), *Plaidoyer pour une certaine anormalité*, Paris, Gallimard.
MCDOUGALL J. (1982), *Théâtres du Je*, Paris, Gallimard.
MCDOUGALL J. (1991), « Entretien sur la boulimie avec Alain Fine », *in* BRUSSET B., COUVREUR C. (dir.), *La Boulimie*, Paris, PUF.
MCDOUGALL J. *et al.* (2002), *Anorexie, addictions et fragilités narcissiques*, Paris, PUF.
MAÎTRE J. (1999), « Façons anorectiques d'être au monde : anorexie mystique et anorexie mentale », *Socio-Anthropologie*, Nice, n° 5.
MANENTI G. (2010), « L'anorexie et la boulimie dans les tourments du transfert », *La Clinique lacanienne*, Paris, vol. 18, n° 2, p. 127-139.
MARÉCHAL V. (2005), « Place de la consultation psychiatrique dans la chirurgie de l'obésité », *Annales médico-psychologiques*, Paris, n° 163, p. 611-614.

MARIAGE A., CUYNET P., GODARD B. (2008), « Obésité et alexithymie à l'épreuve du Rorschach. Le poids des émotions », *Évolution psychiatrique*, Paris, n° 73, p. 377-397.

MARINOV V. (2008), *L'Anorexie, une étrange violence*, Paris, PUF.

MARZANO M. (2007), *Dictionnaire du corps*, Paris, PUF.

MICHELI-RECHTMAN V. (2003), « L'anorexie, un symptôme contemporain ? », *La Clinique lacanienne*, Paris, vol. 6, n° 1, p. 139-144.

MINUCHIN S., ROSMAN B. L., BAKER L. (1978), *Psychosomatic families: Anorexia nervosa in context*, Cambridge, Harvard University Press.

PEDINIELLI J.-L. (1992), *Psychosomatique et Alexithymie*, Paris, PUF.

PEDINIELLI J.-L., BONNET A, (2008), « Apport de la psychanalyse à la question de l'addiction », *Psychotropes*, Paris, vol. 14, n° 3-4, p. 55-72.

PEDINIELLI J.-L. (1994), « Corps et dépendance », *in* BAILLY D., VENISSE J.-L. (dir.), *Dépendance et conduites de dépendance*, Paris, Masson.

PEDINIELLI J.-L., ROUAN G., BERTAGNE P. (1997), *Psychopathologie des addictions*, Paris, PUF.

PEDINIELLI J.-L. (1991), « Statut clinique et épistémologique du concept d'addiction. Intérêts et limites », *in* VENISSE J.-L. (dir.), *Les Nouvelles Addictions*, Paris, Masson.

PIRLOT G. (2009), *Déserts intérieurs*, Paris, Érès.

POUPARD G., MARTIN V.S. (2012), *Les Thérapies brèves*, Paris, Armand Colin.

RADO S. (1933), « La psychanalyse des pharmacothymies », *Revue française de psychanalyse,* Paris, vol. 39, n° 4, p. 603-618.

RAIMBAULT G., ELIACHEFF C. (1989), *Les Indomptables. Figures de l'anorexie*, Paris, Odile Jacob.

RECALCATI M. (2010), « Séparation et refus : considération sur le choix de l'anorexie », *Psychanalyse*, Paris, n° 18, p. 5-17.

SANCHEZ-CARDENAS M. (1990), *Le Comportement boulimique*, Paris, Masson.

SELVINI-PALAZZOLI M. (1982), « La famille de l'anorexique et la famille du schizophrène. Une étude transactionnelle », *Actualités psychiatriques*, vol. 12, n° 1, p. 5-25.

SELVINI-PALAZZOLI M., CIRILLO S., SELVINI M., SORRENTINO A.M. (1990), *Les Jeux psychotiques dans la famille*, Paris, ESF.

SELVINI-PALAZZOLI M., CIRILLO S., SELVINI M., SORRENTINO A.M. (2002), *Anorexiques et Boulimiques. Bilan d'une approche thérapeutique familiale*, Genève, Médecine et Hygiène.

SELVINI M. (2003-2004), « Comment se portent les anorexiques traitées par Mara Selvini Palazzoli et ses équipes entre 1971 et 1987 », *Thérapie familiale*, Genève, n° 24, p. 381-402.

STUNKARD A.J. (1976), *The Pain of Obesity*, Palo Alto, Bull.

TISSERON S. (2008), *Virtuel, mon amour,* Paris, Albin Michel.

TUSTIN F. (1989), *Le Trou noir de la psyché*, Paris, Seuil.

VALÈRE V. (1978), *Le Pavillon des enfants fous*, Paris, Le Livre de poche.

VARGIONI J. (2011), « L'obésité féminine comme incarnation du féminin mélancolique », *Évolution psychiatrique*, Paris, vol. 76, n° 1, p. 109-115.

WINNICOTT D.W. (1954-1955), « La position dépressive dans le développement affectif normal », in *De la pédiatrie à la psychanalyse*, Paris, Payot, 1975.

WINNICOTT D.W. (1958), « La capacité d'être seul », in *De la pédiatrie à la psychanalyse*, Paris, Payot, 1975.

WINNICOTT D.W. (1956), « La tendance anti-sociale », in *De la pédiatrie à la psychanalyse*, Paris, Payot, 1975.

WINNICOTT D.W. (1951), « Objets transitionnels et phénomènes transitionnels », in *De la pédiatrie à la psychanalyse,* Paris, Payot, 1975.

WINNICOTT D.W. (1974), « La crainte de l'effondrement », *Nouvelle Revue de psychanalyse,* Paris, n° 11, p. 35-44.

WULFF M. (1932), « Sur un intéressant complexe symptomatique oral et sa relation à l'addiction », *in* BRUSSET B., COUVREUR C. (dir.), *La Boulimie*, Paris, PUF.

Dans la même collection

BARTHELEMY S. et BILHERAN A., *Le délire*
BÉNONY C. et GOLSE B., *Psychopathologie du bébé*, 2e éd.
BÉNONY H., *L'examen psychologique et clinique de l'adolescent*
BÉNONY H., *Le développement de l'enfant et ses psychopathologies*
BILHERAN A., *Le harcèlement moral*, 2e éd.
BLANCHET A. et TROGNON A., *La psychologie des groupes*, 2e éd.
BOULZE I., *L'alcoolisme*
BOURGUIGNON O., *La déontologie des psychologues*, 2e éd.
BRÉJARD V. et BONNET A., *L'hyperactivité chez l'enfant*
CHARRIER P. et HIRSCHELMANN-AMBROSI A., *Les états limites*, 2e éd.
CORDIER F. et GAONAC'H D., *Apprentissage et mémoire*, 2e éd.
DELAROCHE P., *L'adolescence. Enjeux cliniques et thérapeutiques*
GRAZIANI P., *Anxiété et troubles anxieux*
GUENICHE K., *Psychopathologie de l'enfant*, 3e éd.
HACHET A., *La clinique de l'enfant*
HAOUZIR S. et BERNOUSSI A., *Les schizophrénies*, 2e éd.
HARRATI S., VAVASSORI D., VILLERBU L. M., *Délinquance et violence*, 2e éd.
MICHEL A., *Les troubles de l'identité sexuée*
PEDINIELLI J.-L. et BERTAGNE P., *Les névroses*, 2e éd.
PEDINIELLI J.-L. et BERTAGNE P., *Les phobies*
PEDINIELLI J.-L. et BERNOUSI A., *Les états dépressifs*, 2e éd.
PEDINIELLI J.-L. et GIMENEZ G., *Les psychoses de l'adulte*, 2e éd.
PEDINIELLI J.-L., *Introduction à la psychologie clinique*, 2e éd.
PIRLOT G. et PEDINIELLI J.-L., *Les perversions sexuelles et narcissiques*, 2e éd.
POUPARD G., MARTIN V. S., *Les thérapies brèves*
SÉDAT J., *Freud*, 2e éd.
TARDIF C. et GEPNER B., *L'autisme*, 3e éd.
VANIER A., *Une introduction à la psychanalyse*, 2e éd.

225506 – (III) – OSB 80° – EMR
Dépôt légal : juillet 2013 - Suite du tirage : novembre 2017

Achevé d'imprimer par la Nouvelle Imprimerie Laballery
58500 Clamecy
N° d'impression : N175805